当代高校教育管理理念与思维创新

庄鸿妹　著

中国民族文化出版社

北 京

图书在版编目（C I P）数据

当代高校教育管理理念与思维创新 / 庄鸿妹著. -- 北京 : 中国民族文化出版社有限公司, 2024.5

ISBN 978-7-5122-1872-7

Ⅰ. ①当… Ⅱ. ①庄… Ⅲ. ①高等学校－教育管理－研究 Ⅳ. ①G640

中国版本图书馆 CIP 数据核字(2024)第 083386 号

当代高校教育管理理念与思维创新

DANGDAI GAOXIAO JIAOYU GUANLI LINIAN YU SIWEI CHUANGXIN

作　　者：庄鸿妹

责任编辑：李路艳

责任校对：李文学

装帧设计：高桂平

出 版 者：中国民族文化出版社

地　　址：北京市东城区和平里北街 14 号（100013）

发　　行：010-64211754 84250639

印　　刷：济南大地图文快印有限公司

开　　本：787mm×1092mm 1/16

印　　张：10

字　　数：160 千

版　　次：2025 年 5 月第 1 版　2025 年 5 月第 1 次印刷

标准书号：ISBN 978 - 7- 5122 - 1872 - 7

定　　价：48.00 元

前　言

《当代高校教育管理理念与思维创新》这本书是一部关于现代高校教育管理的权威著作，旨在探讨高校教育管理的最新理念和创新思维，为高校管理者提供指导和启示。

高校教育管理作为一门学科，与高校的发展密切相关。如何合理地组织和管理高校的教育资源，提升教育质量，培养适应社会需求的人才，是每个高校管理者面临的重要任务。因此，研究和探索当代高校教育管理的理念和思维创新具有重要的现实意义。

随着社会发展和教育需求的不断变化，高校教育管理也面临着前所未有的挑战和机遇。全球范围内的竞争和合作使得高校需要具备国际化视野和管理能力，而信息化技术的广泛应用则为高校教育管理提供了更多的可能性和工具。

《当代高校教育管理理念与思维创新》这本书力图从多个角度深入分析高校教育管理的概念、目标、特点以及发展趋势，并探讨教师队伍建设、教学质量保障与评估、信息化技术应用、国际化视野等方面的重要议题。通过对这些内容的深入研究和分析，读者将能够全面了解当代高校教育管理的理念与思维创新，获得实用的方法和策略，从而更好地应对高校教育管理的各种挑战。希望本书能够对广大高校管理者和教育工作者提供有益的借鉴和指导，推动高校教育管理水平的不断提升。

目 录

第一章 高校教育管理概述

第一节 高校教育管理的定义和目标

一、高校教育管理的定义

高校教育管理是指对高等学府内部各项教育事务进行组织、协调、监督和管理的一系列活动。它涵盖了高校教育的方方面面，包括教学计划制订、课程设置、教师培训、学生管理、教学质量评估、学术研究支持等。

高校教育管理旨在通过合理组织和有效管理，提高高校教育的质量和效益，实现教育目标，培养具有专业素养和创新能力的高素质人才，为社会和国家发展做出积极贡献。

二、高校教育管理的目标

高校教育管理的目标是多元的，并且随着时代的发展和社会需求的变化而不断演变。下面是高校教育管理的几个主要目标。

（一）提供高质量的教育

高等教育管理的首要目标是提供高质量的教育。这意味着要保持教学内容与时俱进，培养学生的专业知识和技能，并提供适应时代发展需求的教学方法和资源。为了实现这一目标，高等教育管理者需要密切关注教学质量，通过制定教学标准、评估机制和课程设计等手段来确保学生在校期间获得优质的教育。

1.确保教学内容与时俱进

高等教育管理者应密切关注各领域的学术研究和行业发展动态，及时调整和更新教学内容。他们可以与相关专业机构和行业企业建立紧密联系，了解最新的理论进展和实践需求，以便将其纳入课程中。教师也需要参加专业培训和学术交流活动，不断提升自己的学术水平和教学能力，从而保证教学内容与时俱进。

2.培养学生的专业知识和技能

高等教育管理者应注重培养学生的专业知识和技能，使他们具备适应社会发展和就业需求的能力。为了实现这一目标，教育管理者可以与行业合作，开设实践性强、与市场需求紧密对接的课程和实训项目。学校还可以鼓励学生参与创新创业活动，培养他们的创新思维和实践能力。

3.提供适应时代发展需求的教学方法和资源

高等教育管理者需要关注教学方法和资源的更新和改进。他们可以引入现代教育技术和在线学习平台，提供多样化的学习方式和资源，满足学生个性化学习的需求。同时，教育管理者还应鼓励教师创新教学方法，培养学生的批判性思维和解决问题能力。

4.制定教学标准、评估机制和课程设计

为了确保教学质量，高等教育管理者可以制定教学标准和评估机制。教学标准可以包括教学目标、教学内容和教学方法等方面的要求，评估机制可以用于监测和评价教学效果。教育管理者还可以组织课程设计的评审和改进工作，确保课程设置合理、教学内容完整。

（二）培养适应社会需求的人才

高校教育管理的另一个重要目标是培养适应社会需求的人才。为了实现这一目标，高校应该密切关注社会发展趋势和产业需求，并及时调整专业设置和培养模式，以培养具有创新能力、实践能力和团队合作精神的人才。

高校教育管理需要与社会各界建立良好的合作关系。通过与企业、行业协会等社会组织的密切合作，高校可以了解到最新的职业需求和技术发展动态。这样，高校就能够及时调整专业设置，增设新兴专业，以满足社会对各类人才的需求。同时，高校还可以邀请企业代表来校进行讲座、实践指导等活动，帮助学生更好地了解职业发展前景和就业要求。

高校教育管理应该为学生提供实习机会、实践项目和职业规划指导。实践是培养学生实际能力的有效途径，通过实习和参与实践项目，学生可以将所学知识应用于实际工作中，并锻炼解决实际问题的能力。因此，高校应该积极与企业合作，争取为学生提供丰富多样的实习机会和实践项目，帮助他们获得实践经验。同时，高校还应该加强职业规划指导，为学生提供个性化的职业规划咨询和指导服务，帮助他们明确自己的职业目标，并制订相应的发展计划。

高校教育管理需要注重培养学生的创新能力、实践能力和团队合作精神。当前社会对人才的需求越来越注重创新能力和实践能力，高校应该在教学中注重培养学生的创新思维和实践能力。可以通过开设创新创业课程、组织创新实践活动等方式，激发学生的创新潜能。高校还应该注重培养学生的团队合作精神，通过小组项目、团队竞赛等形式，培养学生的团队协作能力和沟通能力。

（三）管理高效运行的学校系统

高等教育管理不仅仅包括对学校外部环境的管理，还涉及学校内部系统的管理。这一方面包括对高校组织结构的优化、决策机制的完善和资源配置的合理化等。目标是确保学校各部门之间的协调合作，提高学校整体运行效率和管理水平。

优化高校组织结构是管理高效运行的重要一环。通过对学校内部组织架构进行调整和改革，可以实现职能部门的合理划分与配备，减少冗余和重复工作，提高工作效率。建立横向协作机制和跨学科研究团队，促进不同学科之间的交流合作，推动知识创新和学术发展。

完善决策机制是提高学校管理水平的关键。建立科学和透明的决策机制，鼓励多元参与和共商共建，能够有效凝聚全体师生员工的智慧和力量，提高决策的科学性和准确性。同时，加强信息技术支持，提供决策所需的数据和分析工具，使决策过程更加科学、高效。

合理配置资源也是管理高效运行的重要环节。资源包括人力、物力、财力等方面，需要根据学校发展战略和需求进行合理配置。通过有效管理和利用资源，能够最大限度地提高教育教学质量和服务水平，满足师生的需求。

除了以上几个方面，建立科学的管理评估机制也是管理高效运行的必要手段。通过定期对学校各项工作进行监督和评估，可以及时发现问题并采取相应措施解决。评估结果可以为学校领导提供参考和决策依据，也可以激励教职员工不断改进和创新，提高整体管理水平。

（四）推动教育改革与创新

高校教育管理应当积极主动地推动教育改革与创新。随着社会的不断进步和科技的快速发展，高等教育也需要不断更新和改进。因此，高校教育管理需要关注国内外教育领域的最新动态，研究和借鉴先进的教育理念和模式，以推动课程改革、教学方法创新、教育技术应用等方面的发展，为高等教育注入新的活力和动力。

传统的课程设置已经不能满足现代社会对人才培养的需求，因此需要进行改革。通过调整课程结构、引入实践性教学环节、开设跨学科课程等方式，使课程更加贴近实际需求和时代发展，提高学生的综合素质和就业竞争力。

传统的教学模式以教师为中心，强调单向传授知识。而现代教育更加注重学生的主动参与和自主学习。因此，高校教育管理可以鼓励教师采用多元化的教学方法，如案例教学、小组讨论、项目实践等，激发学生的学习兴趣和创造力，培养他们的批判思维和解决问题能力。

信息技术的飞速发展为教育带来了巨大的机遇和挑战。高校教育管理可以积极引进和利用先进的教育技术，如在线教育平台、虚拟实验室、智能辅导系统等，提供更加灵活和个性化的学习环境，促进学生的自主学习和远程学习，提高教学效果和学生满意度。

第二节　当代高校教育管理的特点

当代高校教育管理面临着许多独特的挑战和变革。在快速发展的知识经济时代，高等教育的规模不断扩大，竞争日益激烈，社会对高校的期望也越来越高。因此，当代高校教育管理具有以下几个特点。

一、国际化与全球化

当代高校教育管理面临着国际化与全球化的挑战和机遇。随着全球化进程的加快，高等教育已经超越了国界，成为国家发展和竞争力的重要因素之一。在这样的背景下，高校教育管理需要适应国际化的需求，拓宽国际视野，引进国际先进的教育理念、课程和教学方法，并积极开展国际合作项目。

（一）学生与教师的国际交流

高校教育管理越来越注重学生与教师的国际交流，这是国际化高校教育的重要组成部分。为了营造国际化的学习和教学环境，高校应积极引进国外优秀学生和教师，并提供相应的支持和资源。

高校可以通过各种途径吸引国外优秀学生。可以招收留学生，开设以英语为授课语言的专业课程，并提供适合他们的学术和生活支持。高校还可以与国外的院校建立合作关系，开展联合培养项目，使学生能够在不同的文化环境中学习和交流。

高校也应积极引进国外优秀教师。这些教师具有丰富的国际教育经验和专业知识，在教学和研究方面能够为本土教师和学生带来新的视角和思维方式。他们可以通过担任访问学者或客座教授等职位，与本土教师共同开展教学和研究项目，促进学科交叉和跨文化的合作。

同时，高校也鼓励本土学生和教师积极参与国际交流项目。学生可以申请参加学生交换计划，到国外院校进行短期或长期的学习交流，拓宽自己的视野，增强跨文化交流的能力。教师则可以参与教师访问学者项目，到国外进行学术交流和合作研究，提升自身的教学水平和科研能力。

（二）国际合作与交流项目

国际合作与交流项目包括与国外高校的联合办学项目、学术研究合作项目以及师资培训项目等。通过与国外高校的合作，可以共同培养具有国际视野和跨文化能力的人才，促进学术研究与创新的交流与合作。

联合办学项目是一种深度合作形式，通过与国外高校共同办学，可以为学生提供多元化的学习环境和学术资源。这种项目不仅可以吸引国内外优秀学生，还能够培养具有国际背景和全球竞争力的人才。学生可以在两个国家的高校之间进行交流和学习，增加跨文化交流的机会，提升跨文化沟通与合作能力。

学术研究合作项目能够促进学术界的交流与合作。通过与国外高校的合作，可以共同开展前沿科学研究，共享研究设备和实验资源，提高科研水平和创新能力。合作研究项目还可以组织国际学术会议和研讨会，为学者们提供交流和合作的平台，推动学术界的发展和进步。

（三）跨国研究与创新团队

跨国研究与创新团队在国际化的高校教育管理中扮演着重要角色。这种团队通过跨国合作研究项目的建立，吸引了来自国内外的优秀学者和科研人员，共同致力于解决全球性问题，推动学术领域的创新和发展。同时，高校还积极开展与国际知名企业、研究机构等的合作研究，以促进科技成果的转化和应用。

一方面，跨国研究与创新团队能够集聚全球优秀的智力资源。通过与国内外学者和科研人员的合作，不仅可以汇集各地的专业知识和研究经验，还能够激发出不同文化背景下的创新思维和想法。这种多元化的团队合作有助于打破学科壁垒，形成交叉学科的合作模式，为解决全球性问题提供了更广阔的视野和更富创造力的方法。

另一方面，跨国研究与创新团队能够推动学术领域的创新和发展。通过跨国合作研究项目，团队成员可以共同探讨前沿科学问题，进行深入的学术交流和合作，从而促进学术研究的进步和突破。跨国团队还可以组织国际学术会议、研讨会等活动，促进学者之间的互动与合作，加强学术界的交流与合作氛围。

高校与国际知名企业、研究机构等的合作研究也是推动科技成果转化和应用的重要途径。通过与企业和研究机构的合作，高校能够将学术研究成果转化为实际应用，推动科技创新和产业升级。合作研究还能够为学生提供更多实践机会，培养他们的创新能力和解决实际问题的能力。

（四）国际标准与认证体系

高校通过参与国际认证机构的评估和认证，可以提升自身的国际声誉和竞争力，确保教育质量符合国际标准。高校也需要关注国际教育质量标准和指南，不断改进教育质量和教学水平，以满足国际社会对高等教育的要求。

参与国际认证机构的评估和认证是高校提升国际声誉和竞争力的重要途径。国际认证机构对高校的教育质量、学术研究能力、师资力量、学生服务等方面进行全面评估，确保高校达到国际教育标准。获得国际认证的高校能够得到国际社会的认可和信任，吸引更多国际学生和优秀教职员工的加入，推动高校的国际化发展。

高校还需要关注国际教育质量标准和指南，不断改进教育质量和教学水平。国际教育质量标准和指南是国际社会对高等教育的共同期望和要求，高校应该根据这些标准和指南来制定教学计划、教学方法和评估体系。通过与国际标准接轨，高校能够提供符合国际标准的教育服务，培养具有国际竞争力和适应力的人才。

为了实现国际标准与认证体系，高校需要积极改革管理体制和机制。建立完善的质量保障体系，加强内部评估和外部评估，进行自我反思和不断改进。高校还应加强与国际教育机构和认证机构的合作与交流，学习先进的管理经验和教育理念，与国际社会保持紧密联系。

二、多元化与个性化

当代高校教育管理具有多元化和个性化的特点，这是由于受社会变革、教育需求和技术发展等因素的影响。

（一）多元化特点

1.多元化的教学模式

传统的面授教学已经不能满足各类学生的需求，现代高校教育管理注重灵活多样的教学模式。例如，引入在线教育、混合式教学和远程教育等新兴教学方式，使学生能够根据自身情况选择最适合的学习方式。

2.多元化的课程设置

当代高校教育管理倡导开设丰富多样的课程，以满足学生的个性化需求和职业发展需求。除了传统学科课程，还涵盖了跨学科课程、创新创业课程、实践课程等，为学生提供更广阔的知识领域和学习机会。

3.多元化的评估方法

传统的考试评估方式已经不再是唯一标准，现代高校教育管理倾向于采用多元化的评估方法。除了考试，还包括项目作业、实践报告、小组讨论等形式，更加注重学生的综合素质和实际能力的评价。

4.多元化的文化氛围

现代高校教育管理注重创造多元化的文化氛围，鼓励学生参与各类社团组织、文化艺术活动、国际交流等。这有助于培养学生的综合素质和领导能力，并促进不同背景学生之间的交流与合作。

（二）个性化特点

1.个性化的学生服务

现代高校教育管理注重为每个学生提供个性化的学生服务。学校设立了专门的学生事务部门，为学生提供心理咨询、就业指导、学习辅导等全方位的支持，帮助他们解决个人问题和发展需求。

2.个性化的学生发展规划

现代高校教育管理强调学生的个性发展，通过设置个人发展规划、职业规划等课程，引导学生认识自己的兴趣、优势和目标，制定个性化的成长路径。

3.个性化的导师制度

现代高校教育管理推行个性化的导师制度，为学生分配专业导师，提供学术指导、职业指导和个人发展建议等。导师与学生之间建立良好的沟通和互动，促进学生全面成长。

三、开放性与社会责任

高校不仅仅是为了培养学生的专业知识和技能，更应该积极开放自身，与社会各界建立紧密联系，并承担起社会责任。

高校应当参与社会问题的研究与解决。作为知识的源泉，高校具有丰富的智力资源和学术研究能力。因此，高校应当积极投入社会问题的研究中，通过深入调研、科学分析和提出解决方案，为社会经济发展提供智力支持。这不仅可以提升高校的社会影响力，也可以促进学术研究与实践的结合，推动科学技术的进步和社会进步。

高校还应该致力于人才培养，为社会经济发展提供优质人才。高校教育不仅仅是传授知识和技能，更重要的是培养学生的综合素质和创新能力。高校应当与各行各业建立紧密联系，了解社会对人才的需求，调整专业设置和课程体系，培养适应社会发展需要的高素质人才。

高校还应该关注社会多元化的需求，推动公平与包容的教育发展。教育是社会进步和个人成长的基石，高校应当为每个人都提供平等的学习机会和发展空间。高校应该积极开展招生工作，确保招生过程的公平性和透明度；要加强对学生的资助和扶持，帮助那些经济困难或特殊群体的学生获得教育机会；注重多元文化的融合和交流，促进不同地区、民族、文化背景的学生之间的相互理解和交流，培养全球视野和国际竞争力的人才。

第二章　高校教育管理的基本原则与价值观

第一节　教育管理的基本原则

高校教育管理旨在促进高校教育事业的发展和提高学生的综合素质。高校教育管理涉及多个方面的内容，在这些方面，有一些基本原则是必须遵循和坚持的，下面将介绍一些高校教育管理的基本原则。

一、公正公平原则

公正公平是高校教育管理的核心价值观和基本原则之一。它是指在高校教育管理中，应当保持公正的态度和行为，确保每个学生都能够享受到平等的教育资源和机会。

（一）招生录取

高校招生录取是入学的首要环节，必须坚守公正公平的原则。在招生录取过程中，应当根据学生的实际能力和潜力进行综合评价，避免任何形式的歧视和偏见。不因贫富差异、地域差异或其他无关因素而对录取决策产生影响。为确保每位申请者都有公平竞争的机会，招生录取工作必须保持公开透明，建立公正的录取标准和程序。

在制定招生标准时，应当注重多元化和综合评价的原则，充分考虑学生的学术成绩、综合素质、个人特长以及社会贡献等方面的表现。这样可以更准确地评估学生的综合能力和潜力，避免单一指标导致的片面性和不公平。同时，要确保录取标准的合理性和科学性，通过广泛征求专家意见和倾听社会各界的声音，制定出符合国家发展需求和高等教育发展方向的招生政策和标准。

为确保录取过程的公正性和透明度，监督和审核工作显得尤为重要。相关部门应加强对招生录取工作的监督，严厉打击任何形式的贪污行为。同时，建立健全的审核机制和申诉渠道，对有关招生录取工作进行定期或不定期的抽查和复核，确保录取程序的公正执行。

除了以上措施，高校还应积极倡导招生录取的公平性和透明性。通过加强对招生政策的宣传和解读，向社会各界明确招生录取的原则和标准，让广大考生和家长了解录取过程中的权益和义务。同时，建立与学生、家长等利益相关方的有效沟通机制，及时回应他们的疑问和关切，增加招生录取工作的可信度和公信力。

（二）课程设置

高校应该提供丰富多样的选修课程，涵盖不同领域和学科。这些选修课程可以包括艺术、体育、人文社科、自然科学等多个领域，以满足学生多元化的兴趣和需求。通过开设多样化的选修课程，学生可以拓宽自己的知识面，培养综合素养，同时也能够更好地发掘和发展自己的潜力和特长。

高校应该提供灵活的专业方向选择。学生在选择专业时，应该有多个专业方向可供选择，以适应不同学生的兴趣和职业发展规划。通过提供多样化的专业方向选择，高校可以帮助学生更好地实现个性化的发展，并提供更好的职业发展机会。

除了满足学生的需求和兴趣，课程设置还应该关注社会的需求。高校应该结合行业发展趋势和就业市场需求，及时调整和更新课程内容，将最新的知识和技能纳入课程体系中，以培养符合社会需求的人才。例如，随着科技的快速发展，高校可以增设与人工智能、大数据分析、物联网等相关的课程，以培养适应未来社会发展需求的人才。

（三）学生管理

高校学生管理应当遵循公正公平的原则，关注每个学生的个体差异和需求。为了确保学生的权益得到保障，学生管理必须建立健全的规章制度，并且公正执行各项规定。

学生管理要关注学生的发展和成长。高校应提供全方位的教育服务和支持，帮助学生解决困难和问题。通过开展各类教育活动、心理辅导和职业规划指导等方式，促进学生的全面发展和成长。学校还应建立健全的学生奖助体系，鼓励和激励学生在学术、科研、文化艺术等方面取得优异成绩，营造积极向上的学习氛围。

学生管理需要加强对学生行为的监督。学校应建立健全的纪律管理机制，明确学生的权利与义务，并对违反学校规定的行为进行处理。在处理学生违纪事件时，要坚持事实清楚、证据确凿的原则，避免任何形式的不公平待遇和偏见现象的发生。对于学生的处分，要充分考虑其个人情况和特殊性，并采取适当的教育措施，引导学生认识错误、改正错误，并重新回归正轨。

学生管理还应注重平等对待，尊重学生的个体差异和多样性。学校应提供公平的机会和平等的资源，不因学生的性别、家庭背景或其他身份特征而产生偏见。同时，学校要积极推动性别平等教育和包容性教育，营造一个多元、开放、包容的学习环境，让每个学生都能够充分展现自己的潜力和才华。

二、系统性原则

系统性是高校教育管理的一个重要原则，它指的是在高校教育管理中，各项管理活动之间应当相互协调、相互配合，形成一个有机的整体。

（一）组织结构

高校教育管理的组织结构应当具备系统性，各个部门和岗位之间应当相互协作、相互支持。例如，教务处、学工处、科研处等部门之间应当进行紧密的合作和沟通，形成一个统一的管理体系。高校教育管理还应当与其他相关部门和机构进行有效的协调和合作，共同推进高校教育事业的发展。

（二）规章制度

高校教育管理的规章制度应具备系统性，各项规定和政策之间应相互衔接、相互配合。在制定规章制度时，应确保其与课程设置、教学管理等方面的规定相互关联，形成一个有机的教育运行机制。

招生录取规定应与课程设置紧密结合。招生录取工作是高校教育管理的重要环节，它直接关系到学生的入学和专业选择。因此，在制定招生录取规定时，应充分考虑到不同专业的需求和特点，以及市场对人才的需求，合理安排招生计划和录取标准。同时，还应与课程设置相协调，确保学生能够顺利完成所选专业的学习，并培养出符合社会发展需求的优秀人才。

规章制度应与教学管理相一致。教学管理是高校教育管理的核心内容之一。为了保证教学质量和教学秩序，规章制度应明确教师的职责和权益，规范教学计划、课程安排以及考核评价等方面的管理。还要注重与学生管理和教育教学改革相衔接，为教师提供相应的培训和支持，促进他们不断提升教育教学水平。

规章制度还应与法律法规相一致。高校教育管理必须遵守国家法律法规的规定，确保其合法性和规范性。在制定规章制度时，要密切关注国家相关法律法规的更新和调整，及时进行修订和完善，以确保高校教育管理工作符合法律法规的要求。

规章制度的制定过程应充分考虑利益相关方的意见和建议。高校教育管理事涉众多利益相关方，如教职员工、学生、家长等。在制定规章制度时，要广泛征求相关方的意见和建议，特别是吸纳他们对规章制度的理解和期望，确保规章制度更贴近实际情况，能够得到广大利益相关方的支持和遵守。

三、管理与服务相结合原则

管理与服务相结合强调在高校教育管理中将管理与服务紧密结合，以服务为宗旨，为师生提供良好的学习和工作环境。

（一）教学管理

高校教学管理应当将管理与服务相结合，以服务教师和学生为宗旨。教学管理要注重教师的发展和成长，为教师提供必要的培训和支持，激励他们积极投入教学工作中。教学管理也要关注学生的学习情况，提供全方位的教育服务和支持，帮助学生解决困难和问题。教学管理还要注重教学改革和创新，为教师提供创造性的教学环境和资源，促进教学质量的提高。

（二）师资队伍建设

高校师资队伍建设也要将管理与服务相结合，为教师提供良好的工作环境和发展机会。师资队伍建设要注重选拔优秀的教师，为他们提供必要的培训和发展机会，激励他们不断提升教学水平和科研能力。同时，师资队伍建设还要关注教师的职业发展和福利待遇，提供合理的薪酬和晋升机制，激励教师的积极性和创造力。

（三）学校文化建设

高校教育管理应当注重学校文化的建设，将管理与服务相结合贯穿于学校的价值观和行为准则中。学校要树立以人为本的管理理念，重视员工的发展和福利，建立和谐的师生关系，营造积极向上、互助共赢的学习氛围。

首先，高校管理部门要关心员工的职业发展和成长，提供必要的培训和支持，激励员工在教学和科研方面积极投入，并为他们提供良好的工作环境和福利待遇。通过这样的管理方式，可以增强员工的归属感和认同感，提升他们的工作动力和创造力。

其次，高校管理部门要加强对师生之间的沟通和交流，了解他们的需求和关切，并及时采取措施解决问题。同时，学校要鼓励师生之间的互信和合作，建立平等、尊重和理解的关系，营造一个和谐宜人的学习和工作环境。

再次，学校还应注重传承和弘扬优秀的校园文化。高校应该重视学校历史和传统，将其融入学校的日常管理和活动中。通过举办各类文化活动、庆祝校庆和建校周年等，学校可以增强师生对学校文化的认同感和自豪感。学校还应该提供丰富多样的文化活动和社团组织，为师生提供展示自己才艺和兴趣爱好的平台，满足他们的精神需求。

最后，学校要注重价值观和行为准则的培育。高校管理部门应制定明确的价值观和行为准则，鼓励师生遵守规范，倡导诚信、协作、创新和责任等核心价值观。

第二节　高校教育管理的核心价值观

高校教育管理作为一项重要的社会事业，其核心价值观承载着教育管理工作的使命和目标。在当今时代背景下，高校教育管理的核心价值观应当与时俱进，与国家、社会以及教育发展需求相契合。

一、培养创新人才

（一）培养创新能力

创新能力是培养创新人才的关键要素。高校教育管理应注重培养学生的创新能力，使他们具备独立思考、解决问题和实践创新的能力。

1.科研训练和实践项目

学校有机会提供科研训练和实践项目，使学生能够参与科学研究和创新实践。指导教师的引导和支持，有助于学生掌握科学研究的方法和技巧，并培养他们的科学精神和创新思维。这些项目可以为学生提供一个实践平台，让他们将课堂上学到的理论知识应用到实际情境中。

在科研训练和实践项目中，学生可以选择感兴趣的研究领域，深入探索并解决相关问题。通过参与真实的科学研究项目，学生可以学习到如何制定研究目标、设计实验方案、收集和分析数据等重要步骤。他们还可以了解科学界的最新进展，并与专业研究人员进行交流和合作。

这些项目不仅可以提高学生的科研能力，还能培养他们的团队合作和沟通能力。学生通常需要与其他成员共同工作，分享彼此的发现和经验，并合作完成研究报告或论文的撰写。这种合作精神和团队意识对于日后的职业发展也非常重要。

2.跨学科课程设置

学校可以引入跨学科的课程设置，以鼓励学生在不同领域进行学习和探索。这样的课程安排能够促进多学科的交叉融合，培养学生的综合能力发展和跨界思维，从而拓展他们的创新视野和能力。

跨学科课程设置是一种以打破传统学科边界为目标的教育模式。通过将不同学科的知识和技能结合起来，学生可以更全面地理解问题和现象，并找到解决方案。例如，在一个跨学科的科学与艺术课程中，学生可以学习到关于自然科学、数学和艺术创作的知识，同时也能够将这些知识应用于实际项目中，培养出创造性思维和解决问题的能力。

跨学科课程的设置还可以帮助学生培养跨界思维能力。传统的学科教育往往使学生形成固定的思维模式，导致他们难以看到问题的多重层面和复杂性。

而跨学科课程则要求学生从不同学科的角度去思考问题，促使他们更加开阔的思维。例如，在一门结合了文学和历史的跨学科课程中，学生可以通过文学作品了解历史事件，同时也能够通过历史背景理解文学作品的内涵，这样的学习过程能够培养学生的批判性思维和综合分析能力。

跨学科课程设置还能够提供更多的学习机会和灵活性。学生可以根据自己的兴趣和目标选择不同的跨学科课程，从而实现个性化的学习路径。这种灵活性可以让学生更好地发挥自己的优势和潜力，并且为未来的职业发展做好准备。

3.产学合作

学校可以与企业、科研机构等建立产学合作关系，以为学生提供更广阔的实践平台和资源支持。这种合作模式能够让学生参与到实际项目中，解决真实问题，从而锻炼团队协作和创新精神，并将学到的知识应用于实际中。

产学合作是一种紧密结合学术教育和实践需求的教育模式。通过与企业、科研机构等外部机构的合作，学校可以提供学生与真实世界接触的机会。学生有机会在实际项目中扮演角色，并面对真实的挑战和需求。这样的实践经历可以帮助学生将课堂上学到的理论知识应用于实际中，培养他们的解决问题能力和创新思维。

产学合作还能够提供丰富的资源支持。企业和科研机构通常具备先进的设施、技术和专业知识，学生可以通过合作获得这些资源的支持。例如，在与工程公司合作的项目中，学生可以获得现代化的实验室设备和工程技术专家的指导，这样的资源支持能够提升学生的实践能力和专业素养。

产学合作还可以促进学校与社会的紧密联系。通过与企业、科研机构的合作，学校可以更好地了解社会的需求和发展趋势，及时调整教学内容和方法。同时，学校也可以为企业提供人才培养和创新支持，从而推动社会经济的发展。

（二）营造创新环境

创新环境是培养创新人才的重要条件。高校教育管理应致力于打造鼓励创新的良好环境，为学生提供全方位的创新支持和资源保障。

1.鼓励创新团队和社团

学校应鼓励教师和学生参与创新团队、创新社团等组织。这些组织可以提供一个共同交流和合作的平台，激发学生的创新活力和合作精神。学校还可以为这些团队和社团提供资源支持和指导，帮助他们开展创新项目和活动。

2.创新竞赛和奖励机制

学校可以组织创新竞赛，并设立相应的奖励机制。通过参与竞赛，学生可以锻炼创新能力和团队合作精神。奖励机制可以激发学生的创新积极性，提升他们的创新意识和能力。

（三）评价创新成果

评价体系是推动创新教育的重要保障。高校教育管理应建立科学合理的创新成果评价体系，既能鼓励学生的创新实践，又能保证创新成果的质量和水平。

1.制定评价标准和指标

学校可以制定创新成果评价的标准和指标，以确保对学生的创新能力进行科学和客观的评估。这些评价标准应综合考虑创新成果的原创性、实用性、创新性和社会影响力等多个因素。

原创性是评价创新成果的重要指标之一。学校可以要求学生提交独立完成的作品，并通过比较分析来评估其在相关领域中的原创程度。这可以包括学生的研究论文、设计项目或科技创新成果等。原创性评价应考虑学生在问题定义、解决方案和方法选择等方面的独特性和创造性。

实用性是另一个重要的评价指标。学校可以要求学生的创新成果具有一定的实际应用价值或解决实际问题的能力。这可以通过学生的项目成果在实际环境中的测试和验证来评估。实用性评价应关注学生的成果是否能够满足特定需求并产生实际效益。

创新性也是评价标准中的关键要素之一。学校可以考虑学生的创新成果是否引入了新的理念、方法或技术，以及其在相关领域中的创新程度。这可以通过学生的创新思维和对现有知识的扩展来评估。

社会影响力也应该被纳入评价标准中。学校可以考虑学生的创新成果对社会、经济或环境产生的积极影响。例如，学生的科研成果是否能够推动某一行业的发展，或者解决某一社会问题。

2.加强指导和监督

学校应该加强对创新项目的指导和监督，以确保所取得的成果真实可行。为此，教师可以担任学生创新项目的指导教师，提供专业知识和方法的支持。他们可以与学生合作，共同制订创新计划，并提供必要的资源和指导，以确保学生在创新过程中不会偏离正确的方向。

指导教师应当具备丰富的学科知识和创新经验，能够引导学生运用所学知识解决实际问题。他们可以通过定期讨论、指导和反馈来促进学生的思维深入和创意发展。指导教师还可以帮助学生了解相关的研究方法和工具，培养其科研能力和创新思维。

除了指导，监督也是确保创新成果真实性和可行性的重要环节。教师可以监督学生的创新过程，并及时给予反馈和评估。这样可以帮助学生纠正错误、优化设计，并确保创新成果符合预期的要求。监督还可以防止学生在创新过程中出现不当行为或违反道德准则的情况。

为了加强指导和监督，学校可以建立创新项目管理机制，制定明确的指导方针和评估标准。同时，可以组织定期的创新项目展示和评选活动，为学生提供更多的展示和交流机会。这样不仅能够激发学生的创新热情，还能够促进他们的成长与发展。

3.关注成果转化和应用

学校应该重视学生创新成果的转化和应用，以实现其社会化价值。

学校可以与企业建立紧密联系，促进学生创新成果的商业化转化。通过与企业合作，学生可以获得实际的市场需求和行业动态信息，从而更好地调整创新方向和目标。企业可以提供资金、技术、市场渠道等资源支持，帮助学生将创新成果快速推向市场。

学校还可以与科研机构合作，促进学生创新成果的科学化应用。科研机构通常拥有丰富的科研经验和专业知识，能够提供技术咨询、测试验证等支持服务。学生可以借助科研机构的平台和资源，进一步完善创新成果，并确保其科学性和可行性。

为了关注成果转化和应用，学校还可以举办创新成果展示和推广活动，提高学生的知名度和影响力。这样可以吸引更多的合作伙伴和投资者，进一步推动创新成果的市场化和社会化发展。

二、推动社会责任与可持续发展

随着社会的不断发展和进步，高校教育管理的核心价值观逐渐由传统的知识传授转变为推动社会责任与可持续发展。高校作为培养未来社会精英的重要平台，应积极承担起社会责任，促进全面发展和可持续发展。

（一）服务社会需求

高校教育管理应以服务社会需求为导向，密切关注社会发展趋势和需求变化。

1.优化专业设置

高校应通过不断分析和研究社会需求，及时调整和优化专业设置。这包括新增与新兴产业相关的专业、调整传统专业的课程设置，以满足社会对于人才的需求。通过与行业企业的合作，了解并预测未来的人才需求，高校可以培养更适应社会需求的人才。

2.联合社会机构开展合作研究

高校应积极参与社会问题的解决，开展与社会机构的合作研究。通过与政府部门、非营利组织、企业等的合作，高校可以了解社会问题的本质和现状，并提供相应的解决方案和政策建议。这种合作不仅能够为学生提供实践机会，还能为社会发展提供有针对性的解决方案。

（二）培养社会责任感

高校教育管理应注重培养学生的社会责任感，使他们具备关心他人和关心社会的意识和行动能力。

1.课程设置

高校可以通过课程设置来培养学生的社会责任感。在各个专业的课程中，可以融入社会伦理、公民道德等相关内容，引导学生思考社会问题并提供解决方案。通过开设相关选修课程或研讨会等形式，加强对社会责任概念和实践的教育。

不同专业具有不同的社会影响力和责任，在相应的专业课程中，可以将社会责任的理念和要求纳入教学内容。例如，商科类专业可以引导学生了解企业社会责任的重要性，并探讨企业如何在经营过程中平衡经济效益、环境保护和社会责任；工程类专业可以加强对工程伦理和安全意识的培养，使学生意识到自己的设计和决策对社会和人类的影响。

除了专业课程，高校还可以提供选修课程或研讨会，特别关注社会责任的主题。这些课程或研讨会可以涵盖社会伦理、公民道德、环境保护、可持续发展等方面的内容，引导学生思考社会问题，培养他们对社会责任的认知和意识。通过案例分析、小组讨论和实践活动等教学方法，激发学生的创新思维和解决问题的能力。

2.实践项目和社会实践

实践项目和社会实践可以帮助学生深入了解社会现实和问题。通过参与实践项目，学生能够接触到真实的社会环境和多元化的社会群体，从而更加全面地认识社会的复杂性和多样性。他们可以亲身体验贫困、环境污染、教育不平等等社会问题，深入了解问题背后的原因和影响。这种亲身经历有助于拓宽学生的视野，激发他们对社会问题的关注和思考。

实践项目和社会实践可以提升学生的综合能力和职业素养。通过参与实践活动，学生可以锻炼自己的团队合作能力、沟通交流能力、解决问题能力等重要的职业素养。他们还可以在实践中运用所学知识和技能，不断提升自己的专业水平和实际操作能力。这样的实践经验对学生的就业竞争力和个人发展具有积极的推动作用。

3.培养道德价值观

高校教育管理应注重培养学生的道德价值观。通过校园文化建设，传授并倡导正确的道德观念，培养学生的道德判断力和行为规范。教师应成为学生的榜样，引导他们树立正确的价值观念和行为准则。

校园文化建设是培养学生道德价值观的重要环节。高校应积极营造浓厚的道德氛围，倡导诚信、友善、公正等积极的价值观。可以通过举办道德讲座、组织道德模范评选、开展志愿者活动等方式，弘扬社会正能量，鼓励学生在校园内外展现良好的道德品质和行为规范。高校还可以制定相关的行为准则和规章制度，明确对违反道德规范的行为进行惩戒，并及时进行宣传教育，引导学生自觉遵守。

教师应成为学生的榜样，引导他们树立正确的价值观念和行为准则。教师不仅要在课堂上传授知识，更要以身作则，做到言传身教。教师应以诚实守信、关爱他人、尊重多样性等为行为准则，与学生建立良好的师生关系，引导他们树立正确的道德观念，并在实际行动中示范正确的道德行为。

4.建立激励机制

高校应建立相应的激励机制，鼓励学生参与与社会责任相关的活动并取得成果。这可以包括奖学金、荣誉称号、证书认定等形式，以激励学生积极参与社会责任行动，并给予他们肯定和鼓励。

设立奖学金或奖助金是一种激励学生参与社会责任活动的有效方式。高校可以设立专门的奖学金，鼓励学生在社会责任领域表现优异并取得突出成绩。例如，设立社会责任奖学金，对于积极参与社区服务、公益项目、环保行动等的学生进行资助。这样的奖学金既能激发学生的积极性，又能帮助他们解决经济困难，提供了更多参与社会责任活动的机会。

颁发荣誉称号和证书认定也是一种激励学生的方式。高校可以设立社会责任先进个人、优秀志愿者、公益创新团队等荣誉称号，对于在社会责任领域有杰出贡献的学生进行表彰。同时，可以颁发相应的证书或证明文件，以加强对学生社会责任行为的认可和肯定。这样的荣誉和证书不仅能够激励学生参与社会责任活动，还有助于提升他们的个人声誉和就业竞争力。

高校还可以开展社会责任项目的评比和展示活动。通过举办社会责任项目评选、成果展示等活动，向学生展示优秀的社会责任实践案例，并给予获奖团队或个人一定的奖励和宣传推广机会。这样的活动可以激励更多学生参与到与社会责任相关的活动中，促进社会责任教育的深入开展。

（三）促进可持续发展

高校教育管理应致力于促进可持续发展，注重生态环境保护、资源利用效率和社会经济可持续性。

1.教学内容与课程设置

高校应将可持续发展的概念和实践融入教学内容和课程设置中。通过开设相关的环境科学、可持续发展等专业课程，培养学生对环境问题的认识和理解，引导他们形成环境意识和可持续发展思维。

2.校园管理与运营

高校应在校园管理与运营方面推行可持续发展策略。通过节能减排、资源回收利用、绿色建筑等措施，降低校园的能耗和环境影响。高校还可以鼓励学生参与绿色出行、环保活动等，培养他们的环境责任感和可持续生活方式。

3.培养学生的环境意识与行动能力

高校应培养学生的环境意识和行动能力。通过课堂教学、实践项目和社会实践，让学生了解环境问题和挑战，并提供解决问题的方法和策略。高校还可以开设环境保护社团、组织环保活动等，激发学生参与环境保护和可持续发展的积极性。

（四）倡导创新创业

高校教育管理应倡导创新创业精神，培养学生的创新能力和创业意识。

1.开设创新教育课程

高校可以开设创新教育课程，如创新思维、创新管理等，为学生提供相关知识和方法的培训。这些课程可以帮助学生了解创新的概念和过程，培养他们的创新思维和解决问题的能力。

创新教育课程可以引导学生了解创新的意义和重要性。通过教授创新理论和案例分析，学生可以深入了解创新对个人、组织和社会的影响，并认识到创新是推动社会进步和发展的关键因素之一。这样的课程可以激发学生对创新的兴趣和热情，增强他们主动学习和实践创新的动力。

创新教育课程可以培养学生的创新思维和创造力。通过教授创新方法和工具，学生可以学习到系统性的思考方式、敢于冒险尝试的勇气以及灵活适应变化的能力。课程可以包括创意产生、解决问题、团队合作等方面的训练，培养学生的创新思维和团队协作能力。学生还可以通过实践项目和案例分析，锻炼自己的创造力和解决问题的能力。

2.组织创新活动

高校有多种方式可以组织创新活动，例如举办创新大赛、创新论坛和创客比赛等，为学生提供一个展示创新成果的平台。这些活动对于培养学生的创新能力和团队合作精神非常有帮助，并且还能让他们得到专业评委的评价和指导。

创新大赛是一种很好的方式，可以鼓励学生发挥自己的想象力和创造力。在这样的比赛中，学生可以将他们的创意转化为实际可行的项目，并与其他参赛者进行竞争。这不仅能够激发学生的创新潜力，还能够锻炼他们解决问题的能力和团队合作的技巧。

创新论坛可以为学生提供一个交流和展示创新思想的平台。在这样的论坛上，学生可以分享他们的研究成果、项目经验和创新观点，从而获得来自其他同学和专业人士的反馈和启发。通过与其他创新者的互动，学生可以拓宽自己的视野，了解不同领域的创新动态，并且在专业评委的指导下不断完善自己的创新项目。

创客比赛也是促进学生创新能力发展的一种方式。在这样的比赛中，学生可以利用各种资源和技术，通过实际操作来解决问题或创造出新的产品。创客比赛注重学生的实践能力和创造性思维，参赛者需要从设计到制作全程参与，这对于培养学生的实际动手能力和创新意识非常有益。

3.提供创业支持

高校应该为有创业意愿的学生提供全面的创业支持。这种支持包括创业培训和商业计划辅导等，旨在帮助学生了解创业流程和要点，提升他们的创业技能和背景知识。

创业培训是非常关键的一部分。高校可以组织各类创业培训课程，涵盖创业基础知识、管理技能、市场营销、财务管理等方面的内容。通过这些培训，学生可以系统地学习创业所需的知识和技能，提高他们的创业素养和竞争力。

商业计划辅导也是创业支持的重要环节。高校可以为学生提供商业计划编写的指导和辅导，帮助他们构建完善的商业模式、市场分析和财务预测等方面的内容。这样的辅导有助于学生深入思考自己的创业项目，并能够向潜在投资者或合作伙伴展示自己的商业价值和可行性。

高校还可以与创业孵化器、投资机构等建立合作关系，为学生提供更广阔的创业平台和资源支持。通过与这些机构的合作，学生可以获得更多的实践机会、创业资源和资金支持，推动他们的创业项目得以落地和发展。

第三节 具体实践中的原则与价值观

在实践中，高校教育管理需要遵循一些原则和价值观，以确保教育质量的提升和学生的全面发展。

一、以学生为本

在高校教育管理的实践中，以学生为本是一项核心原则和价值观。这个原则强调高校教育管理者应该将学生放在首位，关注他们的需求、权益和发展，旨在创造一个有利于学生成长和全面发展的教育环境。

（一）学生参与决策

学生参与决策是以学生为本的重要体现。高校教育管理应该建立起学生参与决策的机制和渠道，使学生能够参与到教育管理的各个层面。这样做有助于提高学生对教育过程的主动性和责任感，增强他们对学校发展的归属感和认同感。

高校可以设立学生代表组织，如学生会、学生自治组织等，让学生通过选举方式推选代表，参与到学校决策的过程中。学生代表可以参与教育方针的制定、课程设置的评议、校园建设的规划等，为学生发声，维护学生权益。

高校可以开展学生满意度调查和意见反馈机制，定期听取学生对教育管理的意见和建议。通过收集学生的反馈信息，高校能够及时了解学生需求的变化和问题的存在，并采取相应措施予以改进。

高校可以开设学生讲座和论坛，邀请学生参与到学术研究和社会实践中。通过这种方式，学生能够获得更多的实践机会和社交平台，培养创新思维和领导能力，提升自身综合素质。

（二）个性化发展

学生为本原则要求高校教育管理要注重每个学生的个体差异，为他们提供个性化的发展支持。每个学生都有自己的兴趣、优势和发展需求，高校教育管理者应该根据学生的特点和需求，提供个性化的教育方案和支持措施。

高校可以开展学生能力评估和发展规划。通过对学生的能力、兴趣和职业倾向进行评估，为学生制订个性化的发展规划和学习计划。这样可以帮助学生更好地认识自己，找到适合自己的学习和发展路径。

高校可以提供多样化的学习资源和选修课程。不同学生有不同的学科偏好和兴趣爱好，高校应该提供丰富多样的学科和课程选择，让学生能够根据自己的兴趣和需求自由选择学习内容，激发他们的学习兴趣和动力。

高校可以开设导师制度，为学生提供个性化的指导和辅导。导师可以根据学生的需要，提供学术指导、职业规划建议和心理支持等，帮助学生解决困惑和问题，促进他们全面成长。

（三）全面培养

学生为本原则强调高校教育管理应该全面培养学生，注重知识、能力和品德的培养。高校教育管理者应该关注学生的全面发展，注重培养学生的综合素质和能力，使他们具备面对未来社会和职业挑战的能力。

高校应该注重学科知识的传授和学术研究的培养。高校教育管理者应该确保学生在专业知识方面有扎实的基础，同时鼓励学生参与到学术研究中，培养科研能力和创新精神。

高校应该注重实践能力的培养。高校教育管理者应该为学生提供丰富的实践机会，如实习、实验、社会实践等，让学生能够将所学知识应用于实际解决问题中，提升他们的动手能力和实践能力。

高校应该注重品德和人文素养的培养。高校教育管理者应该强调道德教育和公民素质的培养，引导学生树立正确的价值观和社会责任感，培养他们的社会意识和团队合作能力。

二、自主与自治

自主与自治是高校教育管理中的重要原则和价值观。它强调高校应该拥有一定的自主权和学术自治精神，能够自主决策、自主管理和自主发展。在高校教育管理的具体实践中，自主与自治的原则和价值观体现在高校的内部管理、学术研究和社会服务等方面。

（一）制定内部规章制度

高校应自主地制定内部规章制度，建立健全的内部管理机制，以确保高校的正常运行和有效管理。

高校可以制定学校章程和行政管理办法等文件，明确高校的组织结构、管理职责和工作流程等。学校章程是高校最高层次的规章制度，它规定了高校的性质、目标、组织形式和管理体制等基本事项。行政管理办法则是对章程进行具体细化和操作指导，包括各部门的职责和权限、决策程序、信息共享和协调机制等。这些规章制度的制定可以帮助高校明确各部门的职责和权限，促进高校内部的协调与合作。

高校可以制定人事管理制度，建立科学合理的人才选拔、培养和评价机制。人事管理制度应涵盖教师招聘、职称晋升、岗位评价、薪酬激励等方面，以确保高校教师队伍的质量和稳定性。高校可以建立科学的选拔机制，确保招聘人才的公平和竞争性。同时，高校还应提供培养机会和发展空间，鼓励教师进行学术研究和专业发展。评价机制应综合考虑教学、科研和社会服务等方面的表现，激励教师持续改进和提高。

高校可以制定学术规范和道德准则，引导教师和学生遵守学术道德和行为规范。学术规范包括学术研究的诚信原则、学术论文的撰写与发表规范、学术交流的公正与合理等。道德准则则涵盖师德、学生行为等方面，要求教师和学生在思想、言行和行为上保持高尚的品德和良好的道德风尚。这样可以营造良好的学术氛围，促进学术研究的健康发展。

（二）推动学科建设

高校应秉持自主与自治原则，自主地推动学科建设，并积极参与学科发展和创新。高校教育管理者应关注学科的发展趋势和需求，为学科建设提供支持和引导。

高校可以制订学科发展规划和重点学科建设方案，明确学科发展的目标和路径。这需要考虑到国家和地区的发展需求、学科领域的前沿趋势以及高校自身的优势和定位。通过制订规划和方案，高校可以合理配置学科资源，提升学科的学术水平和影响力。规划和方案还应包括培养高层次人才、开展科研项目等具体举措，以促进学科的全面发展。

高校可以建立学科评估和监督机制，对学科的发展进行评估和反馈。评估可以从多个维度进行，包括学术水平、师资队伍、科研成果等方面。通过定期的评估和反馈，高校可以了解学科建设的效果和存在的问题，并采取相应措施予以改进。

（三）参与社会发展

高校应积极参与社会发展，发挥高等教育的智力和资源优势，为社会发展提供独立的思考和创新。为此，高校教育管理者应促进高校与社会各界的合作，推动知识与技术的转化和应用。

高校可以开展产学研结合的项目和合作。通过与企业、政府和社会组织的合作，高校能够将学术研究成果应用于实际生产和社会服务中，促进经济发展和社会进步。高校可以与企业合作开展技术研发、产品创新等项目，共同解决行业和社会面临的难题。高校还可以与政府部门合作开展政策研究、社会调查等，为政府决策提供科学依据。

高校还可以开展科普教育和文化传承活动，向社会传播知识、普及科学和推广文化。通过组织讲座、展览、科技公益活动等形式，高校可以将专业知识和研究成果传递给社会大众，提高公众对科学、文化等领域的认知和理解。这有助于促进社会文明和人类进步，同时也提升高校在社会中的声誉和影响力。

为了促进高校参与社会发展，高校教育管理者应建立社会合作与交流的平台，搭建高校与社会各界沟通的桥梁。高校还可以积极争取政府支持和项目资助，为高校参与社会服务和发展提供良好的条件和资源。

三、可持续发展

可持续发展是高校教育管理中的重要原则和价值观。它强调高校应在教育管理中注重长远发展，平衡经济、社会和环境的利益，以满足当前和未来世代的需求。在高校教育管理的具体实践中，可持续发展的原则和价值观体现在高校的治理结构、课程设置和社会责任等方面。

（一）制定可持续发展策略

可持续发展原则要求高校能够制定长远的发展规划和策略，确保高校的稳定运行和健康发展。高校教育管理者应该考虑到经济、社会和环境的因素，制定可持续发展的战略和目标。

高校可以制订可持续发展规划，明确高校在教育、科研、社会服务等方面的发展目标和路径。这可以帮助高校合理配置资源，提升教育质量和学术水平。

高校可以制定可持续发展政策和指导方针，推动各部门和个体在日常工作中遵循可持续发展原则。这包括节约能源、减少废物和污染、推广可再生能源等方面的具体措施。

高校可以建立评估和监测机制，对可持续发展的实施效果进行评估和反馈。通过监测数据的收集和分析，高校能够了解自身的可持续发展情况，并及时调整策略和措施。

（二）推动绿色校园建设

可持续发展原则要求高校能够积极推动绿色校园建设，减少对环境的负面影响，提供良好的学习和生活环境。高校教育管理者应该关注节能减排、资源回收利用和环境保护等方面的问题。

高校可以推行资源回收利用和废物分类处理制度。通过建立垃圾分类系统和回收利用机制，高校能够减少废弃物的产生和对自然资源的过度消耗。

高校可以开展环境教育和绿色意识培养活动，提高师生对环境保护的认识和意识。通过开展环境保护宣传、组织绿色志愿活动等，高校能够培养学生的环保意识和行为习惯。

以上是高校教育管理具体实践中的一些原则与价值观。这些原则和价值观的贯彻落实，能够有效提升高校教育质量，培养更多优秀人才，为社会的进步和发展做出积极贡献。

第三章　教师队伍建设与激励机制

第一节　教师队伍建设的策略与方法

高校教师队伍是高等教育事业中最为重要的资源，对于保证教学质量、推动科研创新和培养高素质人才具有至关重要的作用。因此，高校需要制定有效的策略和方法，以加强教师队伍的建设，提升整体水平。

一、策略

（一）团队合作策略

团队合作是高校教师队伍建设中至关重要的一项策略。通过鼓励教师之间的团队合作，可以促进交流与共享，提高教师的学术影响力和团队协作能力。

高校可以建立学科团队和研究小组等组织形式，将具有相同学术兴趣和专业背景的教师聚集在一起。通过组建学科团队，教师们可以共同探讨学术问题，分享经验和知识，从而促进彼此的学术成长和发展。研究小组则可以针对特定的研究课题展开合作研究，集思广益，提高研究质量和效率。

高校可以提供适当的资源支持，鼓励教师之间的合作研究和项目开展。例如，可以设立专项经费，用于支持教师合作研究项目的开展；可以提供实验室、图书馆等场所和设备，方便教师进行合作研究；还可以建立信息平台，方便教师之间的交流与协作。

高校还可以组织定期的学术讨论会、研讨会等活动，为教师提供展示和交流的机会。通过这些学术活动，教师们可以互相借鉴和启发，共同探讨学术问题，促进学科发展。这些活动也可以提高教师的学术声誉和影响力，增强他们在学术界的地位和竞争力。

（二）评价与反馈策略

通过建立科学有效的教师评价体系，定期对教师进行评估和考核，可以及时发现和纠正问题，提高教师的工作质量和效果。同时，注重给予教师积极的反馈和奖励，可以激发他们的工作动力和积极性。

高校应该建立完善的教师评价体系，明确评价指标和评估方法。评价指标可以包括教学水平、科研成果、教师服务等方面，评估方法可以包括课堂观察、学生评价、同行评议等方式。评价体系应该具有科学性、客观性和公正性，确保评价结果的准确性和可信度。

高校应该定期进行教师评估和考核。可以设立年度评估制度，对教师的教学、科研和服务等方面进行综合评价。评估结果可以作为教师职称评审、晋升等的依据，也可以用于发现问题和改进工作。评估过程应该注重与教师的沟通和交流，让教师了解自己的评价结果，并给予他们改进的机会和支持。

高校应该注重给予教师积极的反馈和奖励。及时向教师反馈评价结果，指出其工作中的优点和不足之处，并提供相应的建议和支持。在评价结果中发现教师的优秀表现，可以通过表彰、奖金、荣誉等方式给予奖励和认可，鼓励他们继续改进和创新。这样的积极反馈和奖励能够激发教师的工作动力，增强他们的工作满意度和归属感。

高校应该注重建立良好的评价文化和氛围。要倡导公开、透明的评价过程，让教师感受到公正和公平。也要鼓励教师之间的互相学习和分享，营造良好的互助和合作氛围。通过建立积极的评价文化，可以促进教师的自我反思和改进，提高整体教师队伍的素质和水平。

（三）国际化合作策略

通过积极开展国际化合作，高校可以吸引和培养具有国际视野和背景的教师，引进先进的教学方法和理念，提升教师的国际竞争力。

高校应该与国外高校建立广泛的交流与合作关系。可以开展学术交流项目、访问学者计划等活动，邀请国外优秀教师来校讲学或进行合作研究。通过与国外教师的交流与合作，可以分享教学经验、学术成果和研究方法，丰富教师的教育观念和专业知识。

高校可以与国外高校开展合作研究项目。通过与国外教师合作开展科研项目，教师们可以共同探讨学术问题，互相借鉴和启发，提高研究质量和创新能力。合作研究还可以促进学科交叉和融合，培养具有跨学科背景和能力的教师。

高校应该为教师提供国际化的培训和发展机会。可以组织国际化教育培训班、讲座等活动，提升教师的国际教育意识和跨文化沟通能力。同时，高校也可以资助教师参加海外学术会议、研修项目等，拓宽他们的国际视野和交流平台。

二、方法

（一）择优选拔

择优选拔是高校教师队伍建设中重要的方法之一。通过坚持择优录用原则，高校可以吸引并选拔出最优秀的教师人才，为高校的教学和科研提供稳定而优质的支持。

高校应该广泛宣传和拓宽招聘渠道，吸引优秀人才的申请。可以通过高校网站、招聘平台、学术期刊等方式发布招聘信息，让更多人了解到高校的机会和需求。高校还可以与其他高校、研究机构等合作，共同组织招聘活动，扩大招聘范围，增加应聘者的数量和质量。

高校在选拔过程中需要注重综合考虑各方面的因素。除了注重应聘者的学术能力和研究成果，还要考虑他们的教学经验、团队合作能力、创新能力等方面的素质。教学经验是评估教师是否具备良好教学能力的重要指标，团队合作能力可以体现教师与同事之间的协作和共享精神，创新能力则是评估教师是否具备开拓性思维和创造性能力的重要指标。

高校可以组织多轮的面试和考核环节，全面了解应聘者的综合素质和适应能力。面试可以通过个人交流和问答等方式，考察应聘者的沟通能力、学术见解和解决问题能力。还可以组织模拟教学或研究报告等环节，考察应聘者的教学和研究能力。这样的多轮面试和考核可以更全面地评估应聘者的能力和潜力，确保最优秀的人才能够被录用。

高校还可以参考推荐信、成绩单、获奖证书等材料，对应聘者的学术和工作表现进行综合评估。推荐信可以从他人的角度评价应聘者的学术能力和个人品质，成绩单和获奖证书可以客观反映应聘者在学术和工作方面的突出表现。这些材料可以为选拔过程提供重要的参考依据，辅助判断应聘者的综合素质和能力。

（二）培养提升

通过建立健全的师资培养体系，为教师提供系统的培训和发展机会，可以提高他们的教学能力和创新能力，进而提升整体教育质量。

高校应该组织教师培训班、教育技术培训等活动，提高教师的教学能力和专业素养。教师培训班可以针对不同层次和领域的教师开展，涵盖教学理论、教学方法、课程设计等方面的内容。教育技术培训则可以帮助教师掌握现代教育技术的应用，提高教学效果和创新能力。通过这些培训活动，教师们可以不断地更新知识和提升能力，适应教育领域的发展和变化。

高校可以建立导师制度，为教师提供个人化的指导和培养。新进教师可以得到资深教师的指导和支持，了解高校的文化和教育理念，并逐步融入教学和科研工作。导师可以通过定期的面谈和反馈，帮助教师发现问题、改进工作，并提供相应的培养和发展机会。导师制度的建立可以促进教师之间的互动和合作，加强团队的凝聚力和协作效果。

高校应该注重建立良好的培养氛围和文化。要倡导学习型组织的理念，鼓励教师之间的互相学习和分享。可以建立教师学术讨论组、教学研究小组等，为教师提供交流和合作的平台，也要注重教师的个人发展计划和支持，鼓励他们参与自主学习和专业发展，形成良好的学习氛围和习惯。

（三）评估改进

通过建立科学有效的教师评估体系，定期对教师进行评估和考核，可以提供准确的反馈信息，发现问题并促进教师的持续改进和创新。

高校应该建立明确的教师评估指标和评估方法。评估指标可以包括教学水平、科研成果、教师服务等方面，评估方法可以包括课堂观察、学生评价、同行评议等方式。评估指标和方法应该具有科学性、客观性和公正性，确保评估结果的准确性和可信度。

高校应该定期对教师进行评估和考核。可以设立年度评估制度，对教师的教学、科研和服务等方面进行综合评价。评估过程中应注重与教师的沟通和交流，让教师了解自己的评价结果，并给予他们改进的机会和支持。评估结果可以作为教师职称评审、晋升等的依据，也可以用于制订教师的培训和发展计划。

高校应该鼓励教师进行自我评估和反思。教师可以通过定期的自我评估，审视自己的教学和科研工作，找出不足之处并制定改进措施。高校可以提供相关的自我评估工具和指导，引导教师深入思考和反思自己的教育理念、教学方法和学生评价等方面的问题。这样的自我评估和反思有助于教师的个人成长和专业发展。

高校还可以组织同行评课、教学互访等活动，促进教师之间的互相学习和交流。教师可以相互观摩和评价彼此的教学，分享经验和教学心得。这种同行评课和教学互访可以促进教师之间的合作和共享，提高整体教师队伍的水平和质量。

高校应该建立改进机制和文化。评估结果应及时反馈给教师，并提供相应的改进建议和支持。高校可以开展教师座谈会、教学研讨会等活动，让教师分享评估结果和改进经验。

第二节　教师激励机制的设计与实施

高校教师是培养人才、传播知识的重要力量，他们的工作对于学生和社会的发展至关重要。为了激励高校教师积极投入教学科研工作，提高教育质量和学术水平，建立科学合理的激励机制显得尤为重要。

一、目标设定

高校教师激励机制的首要任务是明确目标，明确教师需要追求的目标和期望达到的效果。目标设定应具有可操作性和挑战性，并与高校的教育教学目标和发展战略相一致。考虑到不同学科领域和教师个人特点的差异性，个性化的目标设定是必要的。

目标设定应明确教学效果的要求。高校教师的主要职责之一是教学，因此在目标设定中应该包括教学质量、教学成果和学生评价等方面的指标。例如，可以设定教师每学期的授课质量评估和学生满意度调查，以及教师参与教学改革和课程建设的数量和质量要求。这样可以激励教师提高教学水平、创新教学方法，并关注学生学习效果和体验。

目标设定应鼓励教师进行科研成果的产出。高校教师应积极参与科研工作，推动学科发展和知识创新。目标设定可以包括科研项目的申请和完成情况、学术论文的发表数量和质量、科研经费的获取等。这样可以激励教师加强学术研究，提升科研能力，并增强学校的学术影响力。

目标设定还应考虑到教师在学术领域的影响力和知名度。可以设定教师参与学术会议和讲座的次数和质量要求，以及发表在国内外权威期刊上的论文数量和被引用情况等指标。这有助于激励教师积极参与学术交流，拓宽学术视野，提高自身的学术声誉和影响力。

除了以上几个方面，个性化的目标设定也是重要的。教师个人特点和发展需求的差异性需要得到充分考虑。可以通过与教师进行定期的目标沟通和评估，了解其职业规划和发展意愿，制定符合其需求的目标和措施。同时，鼓励教师进行自我评估和反思，不断提高自身能力和水平。

二、奖励体系

设计合理的奖励体系是激励高校教师的重要手段之一。奖励体系应与目标设定相匹配，为教师提供明确的奖励标准和途径，激发他们的积极性和创造力。

（一）绩效工资制度

绩效工资制度是一种广泛采用的奖励方式，它根据教师在教学质量、科研成果和学术影响力等方面的表现来确定工资水平。与传统的固定工资不同，绩效工资制度能够更好地激励教师的工作积极性和创造力，促进教育质量的提升。

绩效工资制度的实施需要明确的评价指标和评价方法。评价指标应当包括教学效果、学生成绩、学科竞赛成绩、教师自身的学术成果等多个方面，以全面客观地衡量教师的绩效。评价方法可以采用定量化的考核体系，如分数评定或排名评比，也可以结合定性评价，如同行评议和学生评价等，从而更加准确地反映教师的绩效水平。

绩效工资制度的实施必须注重公正和透明。评价和考核过程中，应当严格遵循公正、公平、公开的原则，确保每位教师都能够公平地接受评价和获得相应的奖励。评价结果应当及时向教师公示，确保其知情权和参与权。还应建立健全的申诉机制，为教师提供申诉的途径，以确保评价过程的公正性和合法性。

在绩效工资制度的实施中，需要避免主观因素的干扰。评价和考核过程中，应采取客观、可量化的指标来评估教师的绩效。评价指标和评价方法应当经过科学论证和实践验证，确保其科学性和可操作性。同时，评价人员应当具备专业素质和客观公正的态度，避免个人偏见对评价结果产生影响。

（二）学术荣誉和称号

高校设立各类学术荣誉和称号，如教学名师、科研先进个人等，是为了表彰在教学和科研方面做出突出贡献的教师。这些荣誉和称号不仅能够提高教师的声望和社会地位，还能够成为他们职业发展的重要参考和动力。

学术荣誉和称号的设立，对于高校来说具有重要意义。通过表彰优秀教师，可以激励全体教师更加积极地投入教学和科研工作中。荣誉和称号既是一种嘉奖，也是一种鞭策，能够让教师感受到自己的努力和付出得到认可，从而进一步提高工作的热情和责任感。

学术荣誉和称号的设立有利于营造良好的学术氛围和文化。通过对杰出教师的表彰，可以倡导追求卓越、创新和合作的价值观念，引领教师向着更高的目标努力。这种积极向上的学术文化将有助于形成学习型组织和创新型团队，推动整个高校的教育教学水平不断提升。

学术荣誉和称号对教师个人而言也具有重要意义。荣誉和称号是对教师长期以来在教学和科研上的付出和努力的认可，能够提升其声望和社会地位。这种认可不仅对教师个人的自信心和满足感有积极影响，还有利于吸引更多的学生和合作伙伴，为个人的职业发展和学术交流提供更广阔的平台。

学术荣誉和称号还可以作为教师职业发展的重要参考。获得荣誉和称号的教师通常具备较高的教学和科研水平，他们的经验和成果可以为其他教师提供借鉴和学习的机会。同时，这些荣誉和称号也为教师个人提供了进一步提升和发展的契机，例如可以作为评审专家、课程设计师等角色参与更高层次的教学和科研工作。

（三）科研项目和经费支持

科研项目和经费的支持可以促进教师在学术研究和科学创新方面的积极性，推动高校科研实力的提升。

高校可以设立科研基金、科研启动经费等项目，以鼓励教师积极申请科研项目并提供相应的资金支持。科研基金可以为教师提供开展科学研究所需的经费，包括实验设备、材料采购、研究团队建设等方面的支持。科研启动经费则可以帮助年轻教师在科研起步阶段获得必要的资源和支持，促进其独立开展科研工作。

高校还可以设立科研成果奖励制度，对于取得重要科研成果的教师进行奖励。这些奖励可以包括荣誉称号、奖金、学术交流机会等多种形式，旨在激励教师在科研领域取得卓越成果。通过这种方式，可以进一步激发教师的研究热情和创新能力，推动高校科研水平的提升。

在科研项目和经费支持方面，高校还应注重公正和透明的原则。科研项目的评审和经费的分配应当建立在客观、公正的基础上，避免人为因素对项目和经费的分配产生影响。评审过程应当透明公开，确保教师有机会展示自己的科研能力和创新思维。此外，还需要建立健全的管理机制，确保科研经费的合理使用和成果的及时汇报。

三、评价机制

建立科学合理的评价机制是激励高校教师的关键环节之一。评价机制应该具有客观、公正、可操作特征，并且能够及时反馈教师的工作表现和发展需求。

（一）教学评价

教学评价是高校教师激励机制中不可或缺的一部分。通过对教师的教学质量和教学效果进行评估，可以帮助教师了解自己的优势和不足，为提高教学水平提供指导和动力。

在教学评价中，可以采用多种评价方法，以全面客观地评估教师的教学质量。其中，学生评价是重要的评价方式之一。学生可以通过问卷调查、课堂反馈等形式对教师的教学进行评价，从而提供宝贵的意见和建议。同行评价也是一种有效的评价方式，可以邀请其他教师或专家对教师的教学进行评估和指导。教学观摩和教学成果展示等形式也可以作为评价的参考，展示教师的教学实践和成果。

评价结果应及时反馈给教师，以便他们了解自己的教学表现，并为改进教学提供机会和动力。评价结果可以以定量化的形式呈现，如得分或排名，也可以结合定性评价，提供具体的评语和建议。教师可以通过评价结果了解自己在教学方面的优势和不足，找到改进的方向和方法。评价结果还可以用于教师的个人发展规划，为其提供培训和进修的建议。

在教学评价中，应注重评价过程的公正性和透明性。评价过程中应避免主观因素的干扰，评价指标和评价方法应经过科学论证和实践验证，确保其科学性和可操作性。评价人员应具备专业素质和客观公正的态度，避免个人偏见对评价结果产生影响。评价结果应当及时向教师公示，确保其知情权和参与权。同时，应建立健全的申诉机制，为教师提供申诉的途径，以确保评价过程的公正性和合法性。

（二）科研评价

科研评价是评估教师科研成果和学术影响力的重要手段，对于激励教师积极从事科学研究、提升科研水平具有重要意义。在科研评价中，可以采用一系列指标来评估教师的科研工作。

学术论文数量是科研评价的一个重要指标之一。教师发表的学术论文数量能够反映其科研活跃程度和产出水平。但仅仅关注数量并不足以全面评估教师的科研能力，还需要考虑论文的质量、被引用情况等因素。

学术论文的质量是科研评价的关键。教师发表的学术论文应具有学术价值和原创性，并且在学术界具有一定的影响力。可以通过 SCI、SSCI 等国际学术数据库收录情况、高水平期刊论文发表情况等指标来评估教师的学术贡献和研究水平。

学术影响力也是科研评价的重要考量因素。教师参与学术会议、担任学术职务、获得学术奖励等都可以提升他们的学术声誉和影响力。这些学术活动不仅能够促进教师与国内外学者的交流合作，还能够推动学科发展和学术创新。

在科研评价中，应注重对教师学术成果的全面考量，并采用多种评价方法和指标相结合的方式进行评估。评价结果应及时反馈给教师，为其提供改进和提升的机会和动力。

（三）个人发展评价

个人发展评价是评估教师专业能力和职业发展的重要依据。通过对教师的继续教育情况、职称评定、职业发展规划等进行评价，可以全面了解教师的个人发展水平和潜力，为其提供进一步发展的指导和支持。

在个人发展评价中，继续教育是一个重要的考量因素。教师应不断提升自己的专业知识和教学技能，参加相关培训和学习活动，不断更新自己的教学理念和方法。通过评估教师的继续教育情况，可以了解他们是否具备学习的意愿和能力，并为其提供相应的培训和学习机会，以促进其个人发展。

职称评定也是个人发展评价的重要内容。通过对教师职称的评定，可以评估其专业水平和学术成就，并为其个人发展提供指导和支持。职称评定应当根据一定的标准和程序进行，充分考虑教师的科研成果、教学质量、学术影响力等因素，确保评定结果的客观公正性。

职业发展规划也是个人发展评价的重要内容之一。教师应具备明确的职业发展目标和计划，并在教育部门的指导下进行规划和实施。通过评价教师的职业发展规划情况，可以了解其个人发展意愿和能力，并为其提供相关的支持和资源，以推动其职业发展的顺利进行。

评价结果应及时反馈给教师，为其提供进一步发展的指导和支持。评价结果可以用于激励教师积极参与个人发展，例如提供奖励和晋升机会，为其个人发展提供动力和激励。

四、改革措施

高校教师激励机制的设计与实施需要不断改革创新，以适应时代发展和教育需求的变化。

（一）强化绩效导向

强化绩效导向旨在更加注重教师的绩效表现，并将绩效考核结果与奖励挂钩，形成明确的奖励体系。

将绩效考核结果与奖励挂钩是强化绩效导向的关键步骤。根据教师的绩效表现，设置相应的奖励措施，如绩效工资、晋升机会、荣誉称号等。奖励体系应公平、透明地进行评定和分配，避免主观因素的干扰，确保每位教师能够公平地获得相应的奖励。同时，建立明确的奖励标准和评定流程，使教师在努力工作的同时有清晰的目标和动力。

绩效导向需要全体教师共同参与和支持。高校管理部门应加强对绩效导向政策的宣传和解释，让教师了解其意义和重要性，增强他们对绩效导向的认同感和积极性。还应提供相关培训和指导，帮助教师理解和掌握绩效评价的方法和技巧，提高自身的绩效表现。

（二）推行师德师风建设

推行师德师风建设是加强教师队伍素质的重要举措，旨在倡导教师以高尚的职业道德和良好的工作风格为学生树立榜样，培养学生成才和品德发展。

通过开展师德教育活动，深入宣传教师的职业道德要求，让教师了解并自觉践行师德规范。这可以通过组织师德讲座、研讨会、案例分析等形式进行，鼓励教师积极参与，并提供持续的培训和学习机会，使教师们不断增强自身的师德修养。

将师德师风纳入激励机制，以激发教师的积极性和创造力。通过建立健全的评价体系，将教师的师德表现作为评价教师绩效的重要指标之一，并将其与奖惩挂钩。优秀的教师应该得到表彰和奖励，例如荣誉称号、奖金、晋升等，以激励教师践行良好的师德师风。

建立健全的监督机制也是推行师德师风建设的重要环节。学校应该建立专门的师德师风监督委员会或部门，负责监督教师的师德行为，及时发现和纠正不良现象。监督工作可以通过定期的教师考核、家长和学生的评价、同行互评等多种方式进行，形成多方参与的监督合力，确保教师的师德师风得到切实维护。

加强对教师的关怀和支持，营造良好的教育环境。学校应该注重提供良好的教育资源和条件，为教师提供必要的培训和发展机会，提高他们的专业素养和教学水平。只有在这样的环境中，教师才能更好地投入教育事业，展现出优秀的师德师风。

第三节　高校教师队伍建设与激励机制的创新

高校教师队伍是高等教育事业的核心力量，对于培养优秀人才、推动学科发展和提升学校整体实力具有重要作用。然而，当前高校教师队伍建设面临一些挑战，如人才流失、工作压力大以及激励机制不完善等问题。因此，创新高校教师队伍建设与激励机制显得尤为重要。

一、建立多元化的选拔机制

为了确保高校教师队伍的质量和水平，需要建立多元化的选拔机制。多元化的选拔机制可以从以下几个方面进行创新。

（一）专业能力

传统的高校教师选拔主要侧重于学术成果和学历背景，这种单一的评价标准不能全面衡量教师的能力和素质。因此，应该引入更加全面的评价体系，通过多种方式对教师的教学能力、创新潜力、团队合作等进行综合评价，从而全面考查教师的素质和能力。

为了全面评价教师的专业素养，可以设计专业能力测试来考察其学科知识、研究方法和创新能力等方面。专业能力测试可以通过笔试、实践操作或者模拟实验等方式进行，根据不同学科和岗位的要求，评估教师在相关领域的知识储备和应用能力。这样可以更加客观地评估教师的专业素质和能力水平。

（二）注重教学能力的评估

在选拔过程中，应该特别关注对教师的教学能力进行全面评估。为了做到这一点，可以采取多种措施，其中包括组织教学演示来考查教师的授课技巧、教学设计和学生互动能力等方面。

教学演示是一种常用的评估教师教学能力的方式之一。通过组织教师进行实际的授课演示，可以直观地了解教师的教学水平和风格。教师在演示中展示自己的授课技巧，如语言表达清晰、思路条理清楚、知识点讲解准确等，可以帮助评估者判断其是否具备良好的教学能力。

教学演示还能够评估教师的教学设计能力。教师在演示中需要展示他们的教学计划和教学内容安排。评估者可以从中看出教师是否有清晰的教学目标和合理的教学步骤，以及是否能够根据学生的实际情况进行调整和改进。这可以帮助确定教师是否具备良好的教学设计能力，是否能够根据学生的需求提供有效的教学方案。

教学演示还可以考察教师与学生之间的互动能力。在演示中，教师需要与学生进行积极的互动，包括提问、回答问题、引导讨论等。评估者可以观察教师是否能够与学生建立良好的师生关系，并且是否能够激发学生的学习兴趣和参与度。这反映了教师是否具备有效的沟通能力和促进学生学习的能力。

（三）注重创新潜力的挖掘

组织创新项目是评估教师创新潜力的有效方式之一。通过组织教师参与创新项目，可以观察他们在解决问题、提出新理念和方法等方面的能力。评估者可以从中了解教师的创新思维、团队合作能力和实践能力。创新项目也能够促使教师积极主动地参与到教育教学改革中，不断探索和推进教育创新。

开展创新竞赛也能够评估教师的创新能力。通过组织创新竞赛，可以鼓励教师提出新颖的教育教学理念、教学方法或者教育科研项目。评估者可以从中看出教师的创造力、逻辑思维能力和实践操作能力。创新竞赛还能够激发教师的主动性和积极性，推动他们不断追求教育教学的创新与改进。

同时，关注教师在科研、教材编写、教育改革等方面的成就和贡献也是评估教师创新能力的重要途径。教师在这些领域的成就和贡献反映了他们在探索教育教学新领域、推动学科发展以及改善教育教学质量方面的能力。通过评估教师在这些方面的表现，可以更全面地了解他们的创新潜力和实践能力。

二、构建激励机制体系

构建激励机制体系是提高高校教师队伍工作积极性和推动其发展的重要措施。在构建激励机制体系时，可以考虑以下方面。

（一）设立各类奖励

设立各类奖励是激励教师积极投入工作和取得优异成绩的重要手段，不仅可以提高教师的工作动力，也能够体现对其付出的肯定和鼓励。

1.教学奖

教学奖是一种激励教师在教学方面取得卓越成绩的措施。通过评选优秀教师和优秀课程，给予获奖者荣誉称号、奖金和晋升机会等奖励，以此来鼓励教师在教学工作中不断追求卓越。

教学奖的评选可以根据教师的教学成果和贡献进行，例如学生的学习成绩、教学评估结果、教学反馈等。评选出优秀教师，并给予他们相应的荣誉称号，可以让教师感受到自己的付出得到了认可和肯定，增强他们的工作动力和自信心。

教学奖也可以提供奖金作为激励。通过向优秀教师发放奖金，可以直接回报他们在教学上所取得的成绩，同时也可以提高教师的收入水平，进一步激励他们投入更多的时间和精力在教学工作上，提高教学质量。

教学奖还可以提供晋升机会。根据教师在教学方面的卓越表现，给予他们更多的晋升机会，例如提升职称、担任重要职务等。这样可以让教师看到自己未来发展的空间和前景，进一步激励他们不断提高自身的教学能力和水平。

2.科研奖

科研奖是一种激励教师积极参与科研活动、提高学术水平和科研能力的措施。通过设立科研项目资助和科研成果奖励等方式，鼓励教师在科研领域取得突出成果。

科研奖可以设立科研项目资助，为教师提供经费支持和资源保障。教师可以申请科研项目，获得相应的经费用于科研实践。这样的资助可以帮助教师开展更深入、更具挑战性的科研工作，促进其科研能力的提升。

科研奖还可以通过评选优秀科研成果，给予教师相应的奖励和荣誉。评选可以基于教师的科研论文发表情况、专利申请和授权、科研项目成果等方面进行，以此来鼓励教师在科研领域取得卓越成就。奖励可以包括荣誉称号、奖金和晋升机会等，以此回报教师在科研工作中的努力和贡献。

科研奖还可以提供学术交流和合作的机会。通过组织学术研讨会、国内外学术交流等活动，为教师提供展示和交流研究成果的平台。这样可以促进教师之间的学术合作与互动，拓宽其学术视野，提高学术水平和科研能力。

3.教材编写奖

教材编写奖是一种激励教师参与教材编写工作、促进教材质量提升和更新的措施。通过对参与教材编写的教师进行表彰和奖励，可以肯定他们在教材编写方面的贡献，同时也能够推动高校教材的不断改进和更新。

教材编写奖可以通过评选优秀教材编写团队或教材作者来进行。评选的标准可以包括教材内容的科学性、针对性和实用性等，以及教材对教学效果的影响。评选出优秀的教材编写团队或教材作者，并给予相应的表彰和奖励，既可以肯定其在教材编写中的努力和成就，也可以鼓励更多的教师参与到教材编写工作中。

教材编写奖还可以通过推广和应用优秀教材来体现。将优秀教材广泛推荐给其他学校或教师使用，以此来提高教材的影响力和使用率。同时，可以将优秀教材纳入教师培训计划和教育资源共享平台，使更多的教师受益于优质教材，进一步促进教材质量的提升和更新。

4.创新创业奖励

创新创业奖励是为了激励教师积极参与创新创业项目，提供资金支持、知识产权保护和创业孵化等服务的措施。通过设立创新创业奖励，可以鼓励教师积极投身于创新实践，推动教师在创新领域取得突出成果。

创新创业奖励可以提供资金支持，包括创新创业项目启动资金、科研经费、创业基金等。这样可以帮助教师实现创新创业项目的初步落地，降低其经济风险，激发其对创新创业的积极性和创造力。

创新创业奖励可以提供知识产权保护服务。通过提供专利申请、商标注册等支持，保护教师在创新创业过程中产生的知识产权，增加教师对创新成果的保护和利用意识。

创新创业奖励还可以提供创业孵化服务。通过建立创业孵化中心或合作机构，为教师提供创业指导、创业培训、市场推广等支持，帮助教师将创新成果转化为实际的商业价值。

（二）提供职业发展通道和晋升机会

为教师提供职业发展通道和晋升机会，是激励教师持续发展和提高工作积极性的重要保障。

1.设置职称晋升通道

设置职称晋升通道是构建激励机制体系的重要组成部分。通过建立明确的评定指标和标准，包括教学成果、科研成果、教育改革与创新、社会服务等方面。这些指标可以通过教师的教学评估结果、科研论文发表情况、专利申请和授权、参与教育改革项目和社会服务等进行量化评估，从而客观地评价教师在各个领域的贡献和成绩。

建立透明公正的评审程序。确保职称评定的过程公平、公正、透明，遵循一定的程序和规则，避免主观因素的干扰。评审委员会应由具有相关专业背景和资历的专家组成，对教师的评审工作进行审核和把关。

激励机制需要与职称晋升挂钩。即根据评定结果，给予晋升职称的机会和动力。晋升职称可以带来薪资待遇、职务提升、声誉认可等方面的回报，这些激励可以激发教师的工作动力，促使他们更加积极地参与教育教学和科研工作。

2.鼓励兼职、学术兼职

为了鼓励兼职和学术兼职，应该积极支持教师担任行业协会职务以及参与相关学术组织，并给予相应的荣誉和待遇。兼职和学术兼职可以为教师提供更广阔的发展空间，促进他们在教学和研究领域的专业成长。

担任行业协会职务可以让教师深入了解行业动态和前沿技术，增强教学的实践性和针对性。通过与行业内专家的交流和合作，教师可以及时了解到最新的行业需求和趋势，将这些信息运用到课堂教学中，提高教学质量。担任行业协会职务还可以增强教师的社会影响力和行业声誉，为他们的职业发展打开更广阔的门路。

参与相关学术组织可以为教师提供一个广泛交流和学习的平台。通过参加学术研讨会、论坛等活动，教师可以与同行进行深入的学术交流，分享研究成果和心得体会。这不仅有助于教师的学术成长，还可以推动学校的学术氛围和科研水平的提升。参与学术组织也能够增加教师的合作机会，促进国内外学术交流与合作，提升学校的国际影响力。

为了鼓励教师兼职和学术兼职，应该给予相应的荣誉和待遇。可以通过评选表彰制度，对担任行业协会职务和参与学术组织的教师进行奖励和表彰。学校还可以设立专项经费，资助教师参加相关学术活动，支持他们在学术研究方面的发展。通过这些措施，可以激励更多的教师积极参与兼职和学术兼职，推动教师队伍的专业化建设和学校的整体发展。

第四章　教学质量保障与评估

第一节　当代课程设计理念与方法

随着教育理念和科技的不断发展，当代课程设计也在不断进步与创新。传统的课程设计注重知识的传授和学生的记忆，但这种教育方式已经不能满足现代社会对学生的综合素养要求。当代课程设计理念与方法注重培养学生的创新思维、实践能力和终身学习能力，使他们能够适应未来社会的发展需求。

一、当代课程设计理念

（一）问题导向

问题导向的教学方法是以问题为核心，通过引导学生主动思考、探究和解决问题，培养他们的批判性思维、创新意识和实际解决问题能力。问题导向的教学方法强调学生在学习过程中成为主体，通过自主探究和合作学习来建构知识，提高学习效果和能力。

问题导向教学的核心在于培养学生的主动学习和探究能力。教师可以通过以下几个步骤来引导学生进行问题导向的学习。

1.提出问题

教师能够通过设计一系列引人深思的问题来激发学生的好奇心和求知欲。这些问题可以涉及学生日常生活、社会现象或学科内容，旨在引导学生思考产生问题的原因、解决方法以及可能的影响。

通过提出与学生日常生活相关的问题，教师可以增强学生的参与感和兴趣。例如，教师可以问学生为什么手机的屏幕会变得越来越大？这个问题直接与学生的日常使用习惯息息相关，激发了他们对科技发展的好奇心。学生可以通过调查研究和讨论，探索手机屏幕尺寸增加的原因、背后的技术进步以及这对用户体验和产业发展的影响。

教师还可以设计与社会现象相关的问题，促使学生思考和探索社会问题。例如，教师可以问学生为什么某些地区的空气污染严重？这个问题引发了学生对环境保护和可持续发展的思考。学生可以通过调查研究和分析，探究空气污染的原因、可能的解决方法以及污染对人类和生态系统的影响。

教师还可以提出与学科内容相关的问题，激发学生对知识的探索和理解。例如，在数学课上，教师可以问学生为什么圆周率是无限不循环小数？这个问题引导学生深入思考数学概念和原理。学生可以通过研究和推理，探索圆周率的性质和数学背后的奥秘。

2.激发讨论

教师可以通过组织小组讨论激发学生之间的互动和思维碰撞，从而形成更全面的理解和解决方案。在这个过程中，教师可以充当指导者的角色，引导学生进行深入的思考和讨论。

小组讨论能够鼓励学生分享自己的观点和思考。每个学生都有独特的见解和经验，通过讨论，他们可以相互启发和补充，从而丰富问题的讨论。例如，在讨论社会问题时，学生可以分享自己对问题的看法、感受和观察，促使其他学生从不同的角度思考问题，形成多元化的思维。

小组讨论还可以培养学生的表达能力和合作精神。在讨论过程中，学生需要清晰地陈述自己的观点，并且倾听他人的意见。他们需要学会提问、辩论和达成共识，从而加强彼此之间的沟通和合作。这样的讨论氛围可以培养学生的团队合作能力和批判性思维，为他们未来的学习和工作打下坚实的基础。

教师在小组讨论中扮演着重要的角色。教师可以提供问题或主题，并引导学生展开深入的思考和探索。教师可以鼓励学生提出问题、进行逻辑推理，并引导他们找到解决问题的方法和策略。通过教师的引导和指导，学生能够形成更全面、准确的理解，培养批判性思维和解决问题能力。

3.实践探究

问题导向教学鼓励学生通过实践来解决问题。教师可以设计实践活动、项目学习或实验，让学生亲自动手进行调查、观察和实验，以提高他们的解决问题能力。

实践活动可以让学生从实际操作中获得更直观的经验和知识。通过实践，学生可以亲自参与并体验问题所涉及的现象、过程或情境。例如，在学习科学时，教师可以组织学生进行实验，让他们亲自观察和记录实验结果，从而深入理解科学原理和实验方法。这样的实践经历不仅提高了学生的学习兴趣，还增强了他们对知识的理解和记忆。

项目学习是一种结合实践的学习方式，能够培养学生的综合能力和解决问题的能力。教师可以设计一个综合性的项目任务，要求学生在团队中合作完成。学生需要进行调研、收集数据、分析问题，并提出解决方案。在这个过程中，学生需要运用多种学科知识和技能，发展批判性思维和创新能力。通过实践和项目学习，学生可以培养解决实际问题的能力，并在团队合作中提高沟通和协作的技巧。

实验是一种重要的实践方式，能够让学生通过观察和实验验证自己的假设和推理。教师可以设计简单的实验，让学生进行观察和记录，并从中总结规律和结论。例如，在学习物理时，教师可以设计一个简单的力学实验，让学生测量和分析不同物体受力的情况，从而理解牛顿力学定律。通过实验，学生可以直观地认识到物理规律，并培养科学思维和实验设计的能力。

4.反思总结

在问题导向的学习过程中，反思和总结是一个重要的环节。通过反思和总结，学生可以回顾自己的学习经历，分析解决问题的方法和策略，并找出不足之处以及改进的方向。

反思和总结可以帮助学生深化对知识的理解和应用。学生可以回顾所学的概念、原理和技能，并思考如何将它们应用到实际问题中。通过反思和总结，他们可以发现知识之间的联系和应用的方式，加深对知识的理解和掌握。

反思和总结还有助于学生发现解决问题的方法和策略。在学习过程中，学生会面临各种问题和挑战，通过反思和总结，他们可以分析自己在解决问题时采取的方法和策略是否有效。学生可以思考哪些方法更适合他们的学习风格和特点，并提出改进的建议。这样的反思和总结使学生能够更加自主地选择和运用解决问题的方法和策略。

反思和总结也培养了学生的批判性思维和自我评价能力。通过反思和总结，学生可以客观地评估自己的学习过程和成果，找出自己的优势和不足，并制订下一步的学习计划。这样的反思和总结能够培养学生对自己学习情况的敏感性和自我调节能力，提高学习效果和学习动力。

（二）实践与应用

实践与应用是当代课程设计中的重要理念，它强调学生将所学知识和技能应用于实际生活中，培养他们的实践能力和解决问题的能力。通过实践活动、项目学习等方式，学生可以亲身参与到真实的情境中，通过实际操作来加深对知识的理解和运用。

1.实际操作

实践与应用注重让学生亲自动手进行实际操作。这种实践活动可以包括实验、观察、调查、模拟演练等。通过实际操作，学生可以更加直观地感受和理解所学的知识，提高实际操作能力。

2.合作学习

实践与应用鼓励学生之间的合作学习。通过小组合作、团队项目等方式，学生可以互相协作、交流和分享经验。这种合作学习可以培养学生的合作意识和团队精神，提高解决问题的能力。

3.综合素养培养

实践与应用的教学方法强调培养学生的综合素养。除了学科知识和技能的应用，还注重培养学生的创新能力、沟通能力、批判性思维、自主学习能力等综合素质。这些素质是学生未来发展所必需的。

二、当代课程设计方法

（一）任务型教学法

任务型教学法是一种以任务为核心的教学方法，旨在通过设计具有挑战性和实践性的任务，引导学生进行探究式学习。这种教学法不仅注重知识的传授，更重要的是培养学生的解决问题能力和合作精神。

任务型教学法的核心理念是将学习与实际生活紧密结合起来。教师根据学科内容和学生的实际情况，设计出具有一定难度和挑战性的任务，要求学生通过自主探究和合作学习来解决问题。这些任务可以是实际的项目或情境，也可以是模拟的情景或角色扮演，目的是激发学生的学习兴趣和动机，使学习过程更加贴近生活、具有实践意义。

在任务型教学法中，教师的角色更像是学习的引导者和组织者。他们需要在任务开始前明确任务的目标和要求，并提供必要的指导和支持。在学生进行任务时，教师可以采取小组合作的方式，让学生相互交流、合作解决问题，培养学生的团队合作能力和沟通能力。教师也会在任务完成后进行总结和评价，帮助学生反思和提高。

任务型教学法的优势在于能够培养学生的自主学习能力和解决问题的能力。通过任务的设置和完成过程，学生需要主动思考、调查研究、分析判断，并运用所学知识解决实际问题。这种探究式学习的过程不仅能够提高学生的学习兴趣和动机，还能激发他们的创造力和创新意识。

任务型教学法也能够培养学生的合作精神和团队合作能力。在任务中，学生通常需要组成小组，相互交流、合作解决问题。通过合作学习，学生能够学会倾听他人的观点，协商解决分歧，并共同努力达到任务目标。这种合作学习的方式不仅可以促进学生之间的互动与交流，还能培养他们的合作意识和团队精神。

（二）项目学习法

项目学习法是一种以项目为单位进行教学的方法，旨在将学科知识融入真实的项目中。通过团队合作、实践操作等方式，让学生参与项目的实施和解决实际问题，从而培养他们的创新能力和实践能力。

在项目学习中，教师会根据学科内容和学生的实际情况选择合适的项目，并确定项目的目标和要求。学生会被组织成小组，每个小组负责一个具体的项目，包括项目的规划、实施和总结。这样的学习方式使学生能够主动参与学习过程，发挥自己的创造力和想象力，也能够提高他们的解决问题的能力和实践能力。

项目学习法的优势在于能够激发学生的学习兴趣和动机。通过参与真实的项目实施，学生能够感受到学科知识在实际应用中的价值和意义，从而增强对学习的主动性和积极性。项目学习也能够培养学生的创新能力和实践能力，使他们能够更好地应对未来的挑战和变化。

（三）翻转课堂法

翻转课堂法是一种教学方法，将传统的课堂讲授内容放到课后自主学习，而将课堂时间用于学生的讨论和实践活动。这种方法的目的是激发学生的学习兴趣，提高他们的学习效果和能力。

在传统的课堂中，教师通常会花费大量的时间进行知识传授，而学生则被动地接受。然而，这种方式并不利于学生的深入理解和知识应用能力的培养。翻转课堂法的出现为解决这个问题提供了一种创新的方法。

在翻转课堂中，教师会提前录制讲解视频或准备相关教材，并要求学生在课前自主学习这些内容。通过自主学习，学生可以在自己的节奏下消化和理解知识，同时也能够培养自主学习的能力和习惯。而在课堂上，教师会以引导者的角色，组织学生进行讨论、合作和实践活动。

通过翻转课堂，学生可以在课堂上积极参与讨论和互动，提出问题和解决问题。这种互动的学习环境可以激发学生的学习兴趣和主动性，促进他们的思维能力和创造力的发展。同时，学生之间的合作学习也可以增强他们的团队合作意识和沟通能力。

翻转课堂法还有助于提高学生的学习效果。由于学生在课前已经接触到了相关知识，因此他们在课堂上能够更深入地理解和应用这些知识。而且，通过讨论和实践活动，学生能够将知识与实际问题相结合，提高知识的实用性和应用能力。

除了提高学生的学习效果和能力，翻转课堂法还有其他一些好处。它可以减轻教师的负担，使他们有更多的时间关注个别学生的需求和辅导；它也可以提高教师和学生之间的互动和交流，促进良好的师生关系。

（四）情境教学法

情境教学法是一种以创设情境和角色扮演为主要手段的教学方法，旨在让学生在具体情境中进行学习。通过情境的设置和角色扮演，情境教学法可以激发学生的兴趣和参与度，提高他们的综合素养和实际应用能力。

在传统的教学中，学生通常只是被动地接受抽象的知识和理论。然而，在现实生活中，知识和技能往往需要在具体情境中应用才能真正发挥作用。因此，情境教学法通过创造情境来模拟真实场景，使学生能够在真实情境下学习和应用知识。

在情境教学中，教师会为学生设计或选择一个具有代表性的情境，并为学生分配角色。学生将扮演特定的角色，在情境中面对各种问题和挑战。通过角色扮演，学生可以更好地理解和体验所学知识的实际应用，并培养解决问题和决策的能力。

情境教学法能够激发学生的学习兴趣和参与度。通过创设具体情境，学生能够更容易地将学习与实际生活联系起来，产生强烈的兴趣和动力。同时，角色扮演也能让学生投入到情境中去，增加学习的参与度和互动性。

情境教学法还能够提高学生的综合素养和实际应用能力。在情境中，学生需要综合运用各种知识和技能来解决问题和应对挑战。这样的学习过程能够培养学生的综合思考能力、创新能力和团队合作能力，使他们具备更好的实际应用能力。

除了提高学生的综合素养和实际应用能力，情境教学法还可以激发学生的创造力和想象力，促进他们的思维发展；增强学生的社交能力和沟通能力，培养他们的合作意识和团队精神。

第二节　教学质量保障体系的构建

教学质量保障是高等教育发展中的重要问题，对于提升学生的综合素质和就业竞争力具有重要意义。为了确保高校教学质量的稳定和可持续发展，需要建立完善的高校教学质量保障体系。

一、构建目标

高校教学质量保障体系的构建目标主要包括以下几个方面。

（一）提高教学质量水平

可以引入先进的教学理念和方法，包括推广问题导向学习、合作学习和实践教学等教学模式，以培养学生的创新思维和实践能力。同时，引进信息技术和教育技术手段，如在线教学平台和虚拟实验室，以提供更丰富的教学资源和互动学习环境。

不断改进课程设置和教材编写。根据学科发展的最新趋势和学生需求，及时更新课程内容和教学大纲。还应加强对教材的审查和质量监控，确保教材的科学性、准确性和适应性，以满足学生的学习需求。

（二）促进教学改革与创新

1.鼓励教师进行教学研究

高校可以建立教学研究团队或教研中心，为教师提供开展教学研究的支持和资源。通过开展教学案例研究、教学方法创新等活动，鼓励教师深入思考教学实践中的问题，并提出改进和创新的方案。

2.建立教学创新奖励机制

高校可以设立教学创新奖励制度，鼓励教师在课程设计、教学方法和教学成果方面进行创新实践。通过评选和表彰优秀教师和团队，激发教师的积极性和创造力，形成良好的教学创新氛围。

二、基本框架

高校教学质量保障体系的基本框架包括以下几个方面。

（一）教学管理体系

教学管理体系是高校教学质量保障体系的核心组成部分，旨在确保教学过程的科学性、规范性和有效性。为了建立一个有效的教学管理体系，需要从教学组织与管理、教师队伍建设和教学资源支持等方面着手。

在教学组织与管理方面，高校应该制定科学合理的教学计划和课程设置。教学计划要考虑到学生的学习需求和专业特点，合理安排各门课程的学时和学分。建立健全的教学日历和教学进度控制机制，确保教学活动按时进行，避免出现拖延或冲突。

在教师队伍建设方面，高校应注重选拔和培养优秀的教师。通过建立公正的教师选拔机制，引进具有专业知识和教学能力的教师。同时，要提供良好的教师培训和发展机会，帮助教师不断提升自己的教学水平和专业素养。建立健全的教师评价和激励机制，对教师的教学质量和成果进行评估，并给予适当的奖励和荣誉。

在教学资源支持方面，高校需要加强实验室建设、图书馆资源建设以及信息技术支持等。建立现代化的实验室设施，提供充足的实验材料和仪器设备，为实践教学提供有力支持。加强图书馆的藏书和数字资源建设，满足学生和教师的教学与研究需求。

通过以上措施的实施，高校可以建立一个科学规范、有效运行的教学管理体系。这将有助于提高教学组织与管理的效率和质量，培养优秀的教师队伍，为教学活动提供必要的保障和支持。从而提升整体教学质量，培养出更多具有创新能力和实践能力的高素质人才。

（二）教学质量评估体系

教学质量评估体系是高校教学质量保障体系中的重要组成部分，旨在通过对教学过程和效果进行系统评估，为教师提供改进教学、提升教育质量的依据。

在教学评估指标方面，需要明确评估的内容和指标体系。教学评估指标应包括教师的教学能力、课程设置与教材使用、教学方法与手段、学生学习成果等方面。这些指标可以综合考虑学生的学习表现、教学资源利用情况以及教学反馈等因素，形成全面客观的评估指标体系。

在评估方法方面，可以采用多种方式进行评估。常见的评估方法包括问卷调查、学生作品评审、教学观摩、专家评估等。通过学生的评价、同行的评审以及专家的评估，可以从不同角度获得关于教学质量的信息，全面了解教学的优势和不足之处。

教学质量评估体系还应注重持续改进和动态调整。通过定期回顾和总结评估结果，发现问题并采取相应措施进行改进。密切关注教育领域的最新发展和变化，及时调整评估指标和方法，确保评估体系与教学实践的需求相匹配。

通过以上措施的实施，高校可以建立一个科学、客观、全面的教学质量评估体系。这将有助于提供有力的数据支持和反馈，引导教师改进教学策略和方法，推动教学质量的持续提升。同时，也有助于保证教育质量的稳定和可持续发展，为学生提供更好的教育服务。

（三）质量监控体系

质量监控体系旨在通过监控和预警机制，及时发现并解决教学过程中存在的问题，确保教育质量的稳定和提升。

在教学过程监控方面，可以采取多种方式进行监控。例如，通过课堂观察、学生作业批改、教学记录等方式，对教师的教学内容、教学方法和教学效果进行监控。可以鼓励学生提供对教学过程的反馈和意见，以便及时发现并解决教学中存在的问题。

在教学成果监控方面，可以通过考试成绩、论文质量、实践报告等指标来评估学生的学习成果。这些评估结果可以作为衡量教学质量的重要参考，并与教师的教学效果进行关联分析，发现潜在问题并加以改进。

在教学问题预警方面，可以通过学生的学习情况和表现等信息，进行问题的预测和预警。例如，通过学生的课堂参与情况、作业完成情况、考试成绩等指标，分析学生的学习状态，及早发现学习困难和问题，并采取相应的干预措施，帮助学生克服困难，提高学习效果。

在质量监控体系中，还需要建立健全的数据收集和分析机制。通过有效收集和整理相关数据，结合定量和定性分析方法，对教学质量进行客观评估和分析。同时，要建立信息共享和交流平台，促进教师之间、教师与学生之间的互动与反馈，形成共同关注和解决教学问题的氛围。

通过以上措施的实施，高校可以建立一个科学、灵活、有效的质量监控体系。这将有助于及时发现教学过程中存在的问题，采取相应的改进措施，提高教学效果和学生满意度，也能够更好地预测和解决潜在的教学问题，为教育质量的持续提升提供支持和保障。

三、关键要素

高校教学质量保障体系的构建离不开以下几个关键要素。

（一）政策支持

政策支持是高校教学质量保障体系建设的关键要素之一。相关政府部门应制定出台有关高校教学质量保障的政策法规，明确责任分工和推进机制，为高校教学质量保障体系的建设提供政策支持和资源保障。

政府应制定相关的法律、法规和政策文件，明确高校教学质量保障的目标、原则和具体要求。这些文件可以包括教育法规、教学质量评估准则、教学改革的支持政策等。政策的明确性和可操作性对于高校能够有效实施教学质量保障措施至关重要。

政府应加大对高校教学质量保障体系建设的投入力度，提供必要的经费和物质支持。这包括资助高校开展教师培训和专业发展项目、改善教学设施和实验室条件、提供先进的教学技术设备等。充足的资源支持将有助于高校提升教学质量，并为教师和学生创造更好的学习环境。

政府还应明确相关部门和机构在高校教学质量保障体系建设中的责任和职责。建立健全的推进机制，加强协调与配合，推动各项政策措施的落实和执行。同时建立定期评估和监督机制，对高校教学质量保障体系的建设和运行情况进行定期检查和评估，确保政策的有效实施。

鼓励创新与改革也是政策支持的重要方面。政府应鼓励高校积极开展教学创新和教育改革，为高校提供政策支持和激励措施。通过设立奖励基金、评选优秀项目等方式，激励高校开展教学研究、推广先进的教学方法和教学技术，促进教学质量的不断提升。

（二）学生参与与反馈

学生参与与反馈是高校教学质量保障体系中不可缺少的重要环节。作为教学活动的主体，学生对教学质量有着直接的感受和评价，他们的参与和反馈对于改进教学质量至关重要。因此，鼓励学生积极参与教学质量的评估和改进，并及时听取他们的反馈意见，成为必要的措施。

可以开展学生满意度调查。通过定期进行学生满意度调查，了解学生对教学内容、教师教学水平、课程设置等方面的评价和意见。这种调查可以通过在线问卷、面谈等方式进行，确保学生的意见得到真实、客观的反映。同时，将调查结果纳入教学质量评估体系，为教师和管理者提供改进教学的参考依据。

鼓励学生积极参与课堂互动和教学活动。教师可以采用多种方式，如小组讨论、案例分析、实践项目等，激发学生的参与热情和主动性。通过鼓励学生发表观点、提出问题以及参与实践活动，可以增强学生的学习动力和参与度，提高教学效果和质量。

（三）资源投入与保障

为了确保教学质量的提升和持续改进，需要充足的资源投入和有效的资源保障。这包括教育经费的投入、教学设施的建设、教学信息化平台的搭建等。

教育经费的投入是资源保障的核心。政府部门应该加大对高校教育事业的经费支持力度，确保教育经费的合理分配和稳定增长。这样可以保证高校在教学质量保障体系建设中有足够的资金支持，用于教师培训、教材编写、实验室建设等方面的开支。

教学设施的建设是资源投入与保障的重要环节。高校应注重教学设施的规划与建设，提供现代化的教室、实验室、图书馆等教学场所。确保教学设施的完善和适用，为教师和学生提供良好的学习和教学环境。

教学信息化平台的搭建是资源投入与保障的重要方面。高校应加强教学信息化建设，建立全面、高效的教学信息化平台。这包括建设在线教学平台、虚拟实验室、网络课程资源等。通过信息技术的应用，提供多样化的教学资源和工具，促进教师与学生之间的互动与交流。并加强对教学信息化平台的维护和管理，确保平台的稳定运行和安全使用。

第三节　教学质量保障与评估的创新与改进

高等教育是培养人才、推动社会发展的重要途径。在当今知识经济时代，高校教学质量的提高对于培养具备创新能力和实践能力的优秀人才至关重要。

一、教学质量评估的创新方法

传统的教学质量评估主要依赖于考试成绩和学生评价，但这些方法往往存在主观性和局限性。为了更全面、准确地评估教学质量，需要不断探索和创新评估方法。

（一）利用技术手段进行评估

现代技术的发展为教学质量评估提供了更多可能。以下是一些利用技术手段进行评估的创新方法。

1.在线评估系统

在线评估系统是一种基于网络平台或应用程序的工具，旨在让学生能够实时对课程内容、教学方法等进行评价。该系统的主要目的是方便收集大量学生的反馈，并进行数据分析和挖掘，从而提供有价值的教学改进意见。

传统的课堂评估通常采用问卷调查或口头反馈的方式，但这种方式存在一些局限性。问卷调查需要花费大量时间进行收集和整理，而且学生可能因为烦琐的填写而不愿意参与；口头反馈容易受到个体意见的影响，无法全面了解整个学生群体的看法。

在线评估系统的优势在于其高效性和准确性。学生可以通过网络平台或应用程序随时随地进行评价，无须投入额外的时间和精力。而且，系统能够自动汇总和分析学生的反馈数据，提供可视化的结果和报告，帮助教师更好地了解学生的需求和意见。

在线评估系统还可以利用数据挖掘技术，深入挖掘学生的评价数据，发现潜在的问题和趋势。教师可以根据这些分析结果进行有针对性的改进，提高教学质量和学生满意度。

2.教学录像

教学录像是一种利用技术手段记录和回放教学过程的方法，旨在为教师提供自我评估和专家评审的便利工具。

传统的教学评估通常依赖教师的主观回忆和学生的口头反馈，这种方式存在一些局限性。教师可能无法准确回忆教学过程中的细节和互动情况，而学生的反馈受到个体意见和记忆偏差的影响。因此，教学录像的引入可以弥补这些不足，提供客观、全面的评估依据。

通过教学录像，教师可以回顾自己的教学行为和表现，发现潜在的问题和改进的空间。他们可以观察自己的语言表达、身体语言、课堂组织等方面，从而对教学进行有针对性的分析和改进。教师还可以将录像分享给其他专家或同事，请其进行评审和建议，从不同角度获取反馈和启示。

教学录像技术可以促进教师之间的交流和合作。教师可以相互分享录像，并就教学策略、教材使用等进行讨论和反思，相互借鉴经验和启发。这种互动有助于提高教师的教学能力和专业素养。

在使用教学录像技术时，需要注意保护学生的隐私，教师应当获得学生和家长的同意，并妥善处理录像资料；教师在观看录像时要客观公正，不过分自责或自满，以实现真正的自我评估。

3.虚拟实验室

虚拟实验室是一种利用技术手段模拟真实实验环境的教学工具，旨在为学生提供实验操作评估的机会。

传统的实验教学通常面临一些限制，例如设备、场地和安全等方面的限制。而虚拟实验室通过使用计算机模拟和仿真技术，能够再现真实实验的过程和效果，让学生在虚拟环境中进行实验操作和评估。

虚拟实验室的优势在于其灵活性和安全性。学生可以在任何时间、任何地点使用计算机进行实验操作，无须受到时间和地域的限制。同时，虚拟实验室也能够消除一些实验操作中的安全隐患，避免意外事故的发生。

通过虚拟实验室，学生可以进行实验前的准备和实验操作的模拟。他们可以观察和探索不同参数的变化对实验结果的影响，进行数据采集和分析，并进行实验报告的撰写。这样的实践操作有助于学生加深对实验原理和实验过程的理解，培养实验设计和实验思维能力。

虚拟实验室还可以提供更多的实验资源和实验场景。通过虚拟技术，学生可以模拟复杂的实验操作，观察难以观察到的现象，并进行虚拟仪器的使用和调试。这样的体验能够扩展学生的实验视野，培养创新思维和解决问题的能力。

虚拟实验室也有一些局限性。例如，虚拟实验无法完全替代真实实验中的触感和直接互动。因此，在教学中，虚拟实验应与实际实验相结合，互为补充，以获得更全面的教学效果。

通过以上这些技术手段可以提供更直观、准确的评估数据，帮助教师和评估者更好地了解教学质量。

（二）考虑学习成果和能力培养

传统的教学质量评估主要关注学生的学科知识掌握程度，但现代教育强调培养学生的创新能力、实践能力等综合能力。因此，教学质量评估也应该考虑学生的学习成果和能力培养。

1.项目作品评估

项目作品评估是一种鼓励学生完成课程相关的实践性作品，并对其进行全面评估的方法。这种评估不仅关注作品本身的质量，还注重学生在创新性、实践能力和团队合作方面的表现。

传统的课程评估主要侧重于学生的理论知识掌握和考试成绩，但这种评估方式不能全面衡量学生的能力和潜力。而通过项目作品评估，学生能够将所学知识应用于实践，展示自己的创造力和实践能力。

在项目作品评估中，创新性是一个重要的指标。学生可以通过独特的想法、新颖的设计或解决问题的方式展现创新能力。评估者会考察作品中的创新元素，并评估其对解决现实问题的贡献。

实践能力也是项目作品评估的关键因素。学生需要将理论知识转化为实际操作，完成项目的各个环节。评估者会关注学生在实践过程中的技能运用、实验操作和数据分析等方面的能力。

通过项目作品评估，学生不仅可以将所学知识应用到实际情境中，培养创新思维和实践能力，还可以提高团队合作和沟通协作能力。这种综合评估方式更能全面了解学生的潜力和能力，并为他们提供有针对性的反馈和指导。

2.实践能力测试

实践能力测试是一种通过实际操作和模拟情景等方式，对学生的实践能力和解决问题能力进行评估的方法。

传统的教学评估主要注重学生的理论知识掌握和书面考试成绩，但这种评估方式不能全面了解学生在实际应用中的表现。而实践能力测试强调学生将所学知识应用于实际情境中，并通过实际操作和解决问题来展示自己的能力。

在实践能力测试中，学生需要进行实际的操作，例如搭建实验装置、进行实地调查、运用软件工具等。评估者会观察学生在操作过程中的技能运用、流程控制和注意事项等方面的能力。

实践能力测试还可以通过模拟情景来评估学生的应变能力和解决问题的能力。学生可能面临各种挑战和困难，需要运用所学知识和技能，分析问题并提出解决方案。评估者会观察学生在模拟情景中的反应和决策过程，并评估其解决问题的能力和创造性思维。

实践能力测试的优势在于它能够更真实地模拟实际工作场景，评估学生在实际应用中的表现。通过这种测试，学校和教师可以更准确地了解学生的实践能力、解决问题能力和创新思维，为他们提供有针对性的指导和培养。

然而，实践能力测试也存在一些挑战。例如，测试过程可能需要较长的时间和资源投入，需要合理安排和组织；评估者在进行评估时需要客观公正，并考虑到学生个体差异和背景因素。

二、改进教学质量保障与评估的机制

教学质量是教育领域关注的核心问题之一。为了提高教学质量，需要改进有效的教学质量保障与评估机制，以促进教育和学生的全面发展。

现代科技的发展为教学质量评估提供了更多可能。利用信息技术手段，可以实时收集、分析和反馈教学数据，帮助教师发现问题和改进教学方法。

一方面，智能教室技术可以用于记录学生的课堂表现。通过摄像头、传感器等设备，可以捕捉学生在课堂上的互动、参与程度以及注意力集中情况等指标。这些数据可以用来评估学生的学习兴趣和难点，并为教师提供个性化的教学建议。例如，系统可以根据学生的行为模式和反馈数据，推荐适合其学习风格和水平的学习资源，或者提醒教师调整教学策略。

另一方面，大数据技术可以对教学质量进行统计分析。通过收集和整理大量的教学数据，如学生的成绩、作业反馈、在线讨论等，可以从整体角度了解教学效果和趋势。教师和学校可以利用这些数据来发现问题、优化课程设计和教学方法。比如，通过数据分析，可以发现学生在某个知识点上普遍存在困难，教师可以针对性地加强讲解或提供额外的学习资源。同时，也可以评估不同教学方法和策略的效果，为教学改革提供决策支持。

除了数据收集和分析，科技还能提供在线评估和反馈机制。学生可以通过网络平台或应用程序对课程内容、教学方法等进行实时评价，方便收集大量学生反馈，并进行数据分析和挖掘。这种实时反馈可以帮助教师及时了解学生的需求和问题，快速调整教学策略，提高教学质量。

科技支持的教学质量评估也面临一些挑战。需要确保数据的准确性和安全性，保护学生隐私；教师需要具备科技工具的操作和数据分析能力，以充分利用科技支持的评估方法；科技支持只是辅助手段，教师的专业判断和教育经验仍然至关重要。

第五章 高校教育管理与发展

第一节 高校教育环境的营造与改善

高校教育是培养人才、传播知识的重要阵地，高校教育环境的好坏直接关系到学生的学习效果和发展潜力的挖掘。但在当前社会背景下，高校教育环境面临压力过大、竞争激烈、学风不纯等问题。因此，我们需要积极地采取措施来营造和改善高校教育环境，为学生提供良好的学习氛围和成长空间。

一、构建和谐的师生关系

高校教育是培养人才、传播知识的重要阵地，而构建和谐的师生关系是创造良好教育环境的关键因素之一。和谐的师生关系能够促进教学质量的提高、学生心理健康的发展以及学术研究的蓬勃开展。

（一）尊重和平等相待

师生关系的和谐首先体现在对彼此的尊重和平等相待上。教师应该充分意识到学生是独立思考的个体，应尊重他们的个性差异和思想观点。不应将学生仅仅视为被教育对象，而是将他们视为有自主性和发展潜力的学习者。

每个学生都是独特的个体，具有各自的特点和优势。教师应该认识到这一点，并尊重学生的个人差异。教师应积极了解学生的背景、兴趣和需求，给予他们个性化的关注和指导。通过了解学生的个性特点，教师可以更好地调整教学方法和策略，促进学生的发展和学习效果。

教师应尊重学生的思想观点。学生是独立思考的个体，他们可能会有不同的观点和见解。教师应鼓励学生表达自己的思想和观点，给予他们充分的发言权和参与度。教师应以开放的心态倾听学生的意见，并尊重他们的独立思考和创造力。通过尊重学生的思想观点，教师可以激发学生的学习兴趣和主动性，培养他们的批判思维和创新能力。

同样，学生也应尊重教师的专业知识和经验。教师是高校教育中的专业人士，他们具有丰富的知识和经验。学生应该积极倾听和接受教师的指导，虚心学习他们的知识和经验。学生应当对教师的言行保持尊重，理解并接受他们的教学方式和要求。通过尊重教师的专业知识和经验，学生可以更好地从教师身上获取知识和启发，提升自己的学习水平。

（二）建立良好的沟通机制

建立良好的沟通机制是构建和谐师生关系的重要方面。学校应该提供多样化的沟通方式，以满足师生之间交流的需求。

学校可以设立定期的面谈时间，让教师与学生进行面对面的交流。这种面谈可以是个别的，也可以是小组的形式，让教师有更多的时间去了解学生的学习情况、困惑和需求。同时，学生也可以通过面谈向教师提出问题或反馈意见。面谈可以促进师生之间的互动和理解，建立更加密切的联系。

学校还可以组织一些互动活动，如讲座、研讨会和学术论坛等，为师生提供交流和合作的机会。这些活动可以促进不同领域的专业交流，拓宽学生的视野，并激发他们的学术兴趣。教师也可以通过参与这些活动，了解学生的学习和研究动态，与学生建立更为密切的联系。

在沟通过程中，教师应该主动倾听学生的意见和需求，关注他们的学习和生活情况。教师要耐心地回答学生的问题，解决他们的困惑，给予积极的反馈和指导。学生也应该主动表达自己的观点和需求，积极参与到师生交流中。双方的真诚沟通和有效互动将有助于建立起良好的师生关系。

（三）提供支持和关怀

教师在这个过程中扮演着关键的角色。他们应该给予学生积极的支持和关怀，帮助他们克服困难和挑战，促进学生的全面发展。

当学生遇到困难和挑战时，教师应主动伸出援手。他们可以提供学术上的支持，例如答疑解惑、辅导学习方法等。教师还可以鼓励学生参加课外活动和社团组织，培养他们的综合能力和领导才能。通过给予学生适当的帮助和指导，教师能够增强学生的自信心和动力，推动他们克服困难，实现个人成长。

学校可以设立心理咨询中心和辅导员制度，为学生提供专业的心理健康服务。在高校期间，学生可能面临各种压力和困惑，需要得到及时的支持和指导。心理咨询中心和辅导员可以为学生提供情感支持、心理疏导和解决问题的方法。他们可以开展个体咨询、小组讨论和心理健康教育等活动，帮助学生调适情绪，提升心理素质。通过提供专业的心理健康服务，学校能够关心学生的身心健康，促进师生之间的信任和亲近感。

教师应关注学生的整体发展。除了学术方面的支持，教师还应鼓励学生参与社会实践和志愿者活动，培养他们的社会责任感和公民意识。教师可以关注学生的兴趣和特长，并鼓励他们发展潜能。通过提供全面的支持和关怀，教师能够促进学生的全面成长，建立起更加和谐的师生关系。

二、增加学生参与度和主动性

传统的高校教育模式过于注重知识灌输，缺乏对学生主体性的关注，导致学生的参与度和主动性不足。为了培养具有创新精神和实践能力的人才，需要积极探索方法，以提高学生的参与度和主动性。

（一）丰富多样的课外活动

1.组织实践项目和社会实习

高校可以与企业、社会组织等合作，共同开展各类实践项目和社会实习。这些实践活动为学生提供了一个将所学知识应用到实际问题中的机会，帮助他们培养解决问题的能力和创新精神。

通过参与实践项目和社会实习，学生能够更深入地了解自己所学专业的实际应用情况。他们将有机会亲身体验并理解专业知识在实际工作环境中的运用方式。与此同时，实践项目和社会实习也使学生接触到真实的职场挑战和工作压力，从而提前适应并了解未来工作生活的要求。

在实践活动中，学生还能够锻炼团队合作和沟通协作的能力。与企业或社会组织合作意味着他们需要与不同背景、不同专业的人员进行合作，共同完成项目目标。这样的经历对于培养学生的团队合作和领导能力非常重要，并为他们今后的职业发展打下坚实基础。

实践项目和社会实习还能够帮助学生建立起实际工作经验和职业人脉。在与企业或社会组织的合作中，学生将有机会与专业人士进行交流，并了解行业内的最新动态和趋势。这对于他们今后的就业和职业发展都具有积极的影响。

2.举办文化艺术节和体育赛事

高校可以组织丰富多彩的文化艺术节和体育赛事，为学生提供展示才华和锻炼能力的平台。这些活动不仅能够丰富学生的校园生活，还能够促进他们的个人成长和全面发展。

在文化艺术节上，学生可以参与各类表演，如舞蹈、音乐、戏剧等。通过自己的表演，他们能够展示自己的才艺和创造力，培养自信心和表达能力。参与文化艺术节还能够增强学生对艺术的欣赏能力和审美情趣，拓宽视野，培养对文化艺术的兴趣和热爱。

而体育赛事则是培养学生团队合作意识和领导才能的重要途径。学生可以参加篮球、足球、乒乓球等各类比赛，锻炼身体素质，培养坚强的意志品质和竞争意识。在比赛中，学生需要与队友密切合作，相互配合，共同追求胜利。这样的经历不仅能够培养学生的团队精神，还能够提升他们的领导才能和组织能力。

文化艺术节和体育赛事也为学生提供了展示自己的机会。通过参与这些活动，学生能够在校园中展现自己的才华和特长，获得认可和赞赏。这对于学生的自信心和自尊心的建立非常重要，同时也有助于学生的个人发展和职业规划。

（二）社团组织的建设和发展

1.鼓励学生自主创办社团

高校应当积极鼓励学生自主创办社团，并提供必要的支持和资源。社团活动是丰富学生校园生活、培养学生综合素质的重要途径，也是学生发展个性、锻炼能力的良好平台。

社团可以涵盖学术、艺术、体育等多个领域，满足不同学生的兴趣和需求。学生可以根据自己的兴趣爱好创办各类社团，如科技创新、文学写作、音乐舞蹈、篮球足球等。这样的多元化选择将激发学生的创造力和热情，使他们能够在感兴趣的领域中深入探索，发挥自己的特长。

通过参与社团组织，学生能够培养自主管理和团队合作能力。作为社团的创建者或干部，学生需要负责组织活动、制订计划、协调成员等，这将锻炼他们的组织能力和领导才能。同时，在社团中与其他成员密切合作，共同策划和执行项目，学生将培养团队合作意识、沟通协作能力和解决问题的能力。

社团活动还能够提供实践机会和展示平台。学生可以通过社团组织各类活动，如讲座、展览、比赛等，来展示自己的才华和成果。这不仅有助于学生在专业领域或兴趣爱好上的深入发展，还能够增加他们的社交经验和人际关系网，为未来的职业发展打下基础。

2.加强社团指导和管理

高校应当加强对社团的指导和管理，以确保社团活动的质量和效果。为此，学校可以采取一系列措施，包括设立社团指导教师、提供必要的培训和指导等。

学校可以设立专门的社团指导教师团队，负责指导和管理社团活动。这些指导教师可以是相关专业的教师或者具有丰富经验的校友。他们将担任社团指导教师的角色，与学生社团进行密切合作，提供指导和支持。指导教师可以协助社团制订发展计划、组织活动、解决问题，并给予专业意见和建议。

学校可以通过提供必要的培训和指导，帮助社团成员提升组织和管理能力。这包括但不限于社团管理、活动策划、财务管理、人际关系等方面的培训。学校可以组织相关的培训课程或研讨会，邀请专家或校内外资源人提供指导和分享经验。学校还可以为社团提供资源和场地支持，帮助社团顺利开展活动。

同时，学校可以建立社团评估机制，定期对社团进行评估和考核。这可以通过社团年度报告、活动总结、成果展示等方式进行。评估的内容可以包括社团活动的多样性、质量、影响力以及社团成员的参与度等方面。评估结果将为学校提供参考，用于改进和优化社团指导和管理工作。

加强社团指导和管理不仅有助于确保社团活动的质量和效果，也能够培养学生的组织能力、领导才能和团队合作精神。通过专业指导和培训，学生将更好地理解社团运作的要领，掌握有效的组织和管理方法。

三、加强学风建设和培养良好的学术道德

学风建设是高校教育环境中的重要组成部分，直接影响着学生的学习态度和行为习惯。加强学风建设和培养良好的学术道德是保障高等教育质量和培养优秀人才的关键任务之一。

（一）倡导勤奋学习、自主探究的学风

学校在培养学生勤奋学习和自主探究的学风方面发挥着重要作用。为了激发学生的学习热情和求知欲望，学校可以采取一系列措施。

学校可以制订合理的学习计划，确保学生有足够的时间和机会进行学习。这包括合理安排课程表，避免过度安排课业，以及合理分配学习任务和考试安排，减轻学生的学业负担。通过合理的学习计划，学生能够更好地规划自己的学习时间，提高学习效率。

学校应该提供丰富的学习资源，包括图书馆、实验室、电子资源等。这些资源能够满足学生的不同学习需求，扩展他们的知识面和视野。学校还可以加强与社区、企业的合作，争取更多的资源支持，为学生提供更多学习的机会和平台。

学校还应该开设学习方法和技能的培训课程，帮助学生掌握高效的学习方法。这些课程可以教授学生如何合理安排时间、制订学习计划、有效记忆和理解知识等技巧。通过培养学生良好的学习习惯和方法，他们能够更好地进行自主学习，提高学习效果。

（二）加强学术道德的教育和引导

通过开展一系列学术诚信教育活动，组织学术讲座和研讨会等方式，学校可以向学生普及学术道德的重要性和具体要求。

学校可以定期举办学术诚信教育活动，例如学术道德讲座和论坛。这些活动可以邀请专家学者和行业领袖来分享自己的经验和见解，以提高学生对学术道德的认识和理解。

学校可以制定明确的学术规范和行为准则，明确禁止学术不端行为，如抄袭、剽窃等。这些规范和准则应该包括学术诚信的基本原则、学术论文写作的规范、引用和参考文献的标准等内容，以便学生清楚了解学术道德的具体要求。

学校应该加强对学术不端行为的监督和惩处。建立举报机制和处罚制度，可以让学生有一个安全和公正的环境来揭发和处理学术不端行为。学校应该鼓励学生积极参与举报，并对举报者进行保护，以保证学术诚信的正常秩序。

学校还可以通过开展学术道德教育的评估和检查，及时了解学生对学术道德教育的接受程度和效果，并对教育方式进行改进和优化。学校还可以与其他高校、学术机构等合作，共同推动学术道德的教育和引导工作，形成合力，提升整个社会的学术文化水平。

（三）营造积极向上的学术氛围

通过组织学术交流活动、学术研讨会和学术期刊等，学校可以为学生提供一个展示成果和交流学术的平台。

学校可以定期举办学术交流活动，如学术论坛、学术报告会等。这些活动可以邀请知名学者和专家来分享自己的研究成果和学术见解，激发学生对学术研究的兴趣，并提供学术交流的机会。学校还可以鼓励学生主动参与学术交流，例如组织学生研究小组、学术沙龙等形式，让学生能够相互借鉴和启发。

学校可以积极推动学生参与科研项目和国际学术合作。学校可以与相关机构合作，为学生提供参与科研项目的机会，培养他们的科研能力和创新精神。同时，学校也可以开展国际学术交流项目，邀请国外学者来校进行学术讲座和合作研究，为学生拓宽学术视野和交流渠道。

学校还可以鼓励学生参与学术期刊的编辑和发表。学校可以设立学生学术期刊，提供一个展示学生研究成果和写作能力的平台。通过参与学术期刊的编辑工作，学生可以提升自己的学术素养和写作能力，并与其他学生进行学术交流和合作。

学校可以设立奖励机制，激励学生在学术研究方面取得优秀成绩。学校可以设立学术奖项，如学术论文奖、学术创新奖等，对在学术研究中表现出色的学生给予肯定和奖励，鼓励他们继续努力并为学术进步做出贡献。

（四）加强学风建设和学术道德的监督和评估

通过建立专门的机制，学校可以对学生的学风和学术道德进行评估和考核，以促进学术诚信和良好的学习态度。

学校可以建立学风建设和学术道德评估机制，对学生的学习态度、学术行为等进行定期评估和考核。学校可以采取多种方式，如学业成绩、课堂表现、学术作品质量等来评估学生的学风和学术道德情况。

学校也可以通过开展学风建设和学术道德宣传活动，加强学生对相关问题的认识和理解。学校可以利用校园媒体、宣传栏、宣讲会等方式向学生普及学风建设和学术道德的重要性，并提醒他们遵守学术规范和道德准则。学校还可以邀请校外专家、学者等来校开展讲座和培训，为学生提供更加具体和深入的学风建设和学术道德指导。

学校应该建立健全的监督和惩处机制，对违反学术道德的行为进行严肃处理。学校应该明确学术不端行为的界定和相应的处罚措施，并公开透明地执行。同时，学校应该鼓励学生参与举报，并对举报者进行保护，以营造公正和公平的学术环境。

四、提供良好的学习和生活条件

提供良好的学习和生活条件是高校对学生的一项重要责任。良好的学习环境和设施可以为学生提供一个舒适、安全和有利于学习的场所，有助于提高学习效果和学生的身心健康。

（一）提供舒适的学习环境

提供舒适的学习环境对学生的学习效果和体验有着重要影响。学校应该关注教室的布局和设施，以及提供额外的学习场所，为学生创造一个舒适、安全和有利于学习的环境。

学校应该确保教室的布局和设施符合学生学习的需要。教室的座位数量应该充足，以满足学生的上课需求。桌椅的设计和摆放应该合理，以便学生能够舒适地坐下并进行学习活动。教室还应该配备必要的教学设备，如黑板、投影仪、音响设备等，以支持教师的教学活动。

学校应该定期进行教室的清洁和维护工作。干净整洁的教室环境可以营造良好的学习氛围，有利于学生集中注意力并投入学习。学校可以制订相关的清洁计划，并指派专门的人员负责教室的日常清扫和维护工作，确保教室的卫生和整洁。

学校还可以设置自习室和阅览室，为学生提供安静和专注的学习环境。自习室可以配备适当的桌椅和灯光设施，为学生提供一个独立、宁静的学习空间。阅览室则应该提供丰富的图书、期刊和电子资源，以满足学生的学术和阅读需求。学校可以根据实际情况，在校园内设置多个自习室和阅览室，方便学生进行学习和查阅资料。

（二）提供完善的图书馆和实验室设施

学校应该关注图书馆的资源建设和实验室设施的齐全，以满足学生的学习和研究需求。

学校应该投入足够的资源来购买和更新图书、期刊和电子资源，以满足学生的学习和研究需求。图书馆是学生获取知识和信息的重要场所，学校应该定期评估和更新图书馆的藏书，确保其与学科发展和学生需求保持同步。学校可以通过与出版社和图书供应商的合作，获取最新的教材、参考书和学术著作，并提供多种形式的资源，如纸质图书、电子书、数据库等，以满足学生在不同学科领域的学习需求。

学校应该确保实验室设施齐全，并保持良好的运行状态。实验室是学生进行实验教学和科研活动的重要场所，学校应该配备必要的仪器设备、实验器材和耗材，以支持学生的实验教学和研究工作。同时，学校应该加强实验室设施的维护和更新，定期进行设备检修和安全检查，确保实验室的安全和正常运行。

学校还可以提供其他学习资源和服务，如电子阅览室、多媒体教室等。电子阅览室可以提供电子文献和期刊资源，让学生能够方便地获取和阅读学术资料。多媒体教室则可以配备先进的音视频设备，为教师的教学活动提供支持，增加课堂的互动和趣味性。

（三）食堂和宿舍

为了满足学生的日常生活需求，学校应该关注食堂和宿舍的管理和服务，并采取以下措施。

1.食堂管理与餐饮选择

为了确保学生们在校内食堂能够享受到安全、健康的饮食环境，学校应加强对食堂的管理。

定期进行食品安全检查是必不可少的。通过严格的检查程序，可以确保所提供的食品符合卫生标准，并避免潜在的食品安全问题。为了增强员工的食品安全意识和提高操作技能，还应定期进行相关培训，使他们了解正确的食品处理和储存方法。

除了食品安全，学校还应关注学生的膳食需求，提供丰富多样的餐饮选择。学生的饮食习惯各异，有些可能选择素食或有特殊饮食要求。因此，食堂应提供素食选项，并考虑到某些学生可能患有过敏症或其他饮食限制。这样一来，每个学生都能找到适合自己口味和膳食需求的食物。

为了提高学生的营养水平，学校应该注重食品的营养价值。食堂菜单应包括各类食物，如蔬菜、水果、蛋白质来源和全谷物等，以确保学生能够获得均衡的营养。

2.宿舍环境与设施

为确保学生们在校园宿舍内享受到整洁和舒适的居住环境，学校应提供相应的设施和服务。宿舍应配备基本的生活设施，如床铺、书桌、椅子、衣柜等。这些设施能够满足学生的日常生活需求，并提供一个有序、整洁的空间。

除了基本设施，宿舍还应提供独立卫生间或共享卫生间，以满足学生的个人卫生需求。清洁卫生间是保持宿舍环境整洁和健康的重要因素之一。学校应该定期进行卫生检查和清洁工作，确保卫生间的卫生条件符合标准。

学校可以考虑提供公共休闲区和洗衣房等设施，以方便学生的日常生活。公共休闲区可以成为学生社交和放松的场所，提供舒适的座位、电视、游戏等娱乐设施。洗衣房则可以解决学生们清洗衣物的问题，让他们能够方便地处理日常的洗涤需求。

学校还应加强宿舍管理，确保安全和秩序。这包括定期检查宿舍设施的安全性，如电器设备、电线等，以预防潜在的安全隐患。同时，学校可以建立宿舍管理规定，明确宿舍内的行为准则和责任，促进学生之间的和谐相处。

3.宿舍管理与秩序维护

为了确保宿舍内的秩序和安全，学校应加强对宿舍的管理并制定明确的宿舍规章制度。学校可以通过宿舍入住时进行入住须知的说明会或者宣传资料，让学生了解和遵守宿舍规章制度。这些规章制度可以包括宿舍内的禁止事项、安全要求、噪声控制、物品使用等方面的规定。

为了方便宿舍的日常管理和服务，学校可以安排专门的宿舍管理员。宿舍管理员可以负责宿舍楼的巡视和维护，及时发现和解决宿舍设施问题，确保宿舍的正常运行。他们还可以提供相关信息和协助，帮助学生解决在宿舍生活中可能遇到的问题。

宿舍管理员还可以维护宿舍的秩序和安全。他们可以监督学生的行为，确保学生不违反宿舍规章制度，并采取适当的措施处理违规行为。同时，宿舍管理员也可以与学生建立良好的沟通渠道，倾听学生的意见和需求，共同维护宿舍的和谐氛围。

学校可以定期开展宿舍安全检查，确保宿舍设施的安全性。这包括电器设备的正常使用、火灾防范措施的落实等方面。学校还可以组织相关培训或活动，增强学生对宿舍安全的意识，并教授应急处理知识。

通过提供良好的学习和生活条件，学校可以满足学生的需求，促进他们的学习积极性和生活质量。同时，良好的学习和生活环境也可以吸引更多优秀的学生选择该校就读，提升学校的声誉和竞争力。

第二节　教育综合素质发展的支持与引导

高校教育的目标不仅仅是传授专业知识，更重要的是培养学生的综合素质。综合素质包括学术能力、创新能力、实践能力、人文精神等方面的发展。高校应该承担起为学生提供全面教育的责任，通过有效的支持与引导，促进学生综合素质的全面发展。

一、提供多元化的教育资源

在高校教育中，提供多元化的教育资源是非常重要的。多元化的教育资源可以为学生提供更广阔的学习机会和发展空间，帮助他们全面发展并培养综合素质。

（一）丰富的课程设置

高校应该开设丰富多样的课程，包括专业核心课程、选修课程和跨学科课程等。专业核心课程是学生学习专业知识的基础，但仅仅局限于这些课程是不够的。通过开设选修课程，学生可以根据自己的兴趣和需求选择适合自己的课程，培养个人特长和发展潜力。跨学科课程可以促使学生在不同学科领域之间建立联系，培养综合思考和解决问题的能力。

为了提供丰富的课程资源，高校可以制订灵活的课程计划，允许学生根据自己的兴趣和学业发展规划进行选课。例如，高校可以设置开放选课模式，让学生从其他学院或专业中选取一定数量的课程作为选修课。这样，学生可以更好地扩展自己的知识面，培养跨学科的综合素质。

为了满足学生个性化的需求，高校还可以提供自主学习资源。高校可以建立资源共享平台，将教师和学生的优秀教学资源进行整合和分享，让学生可以自主学习和获取多样化的教育资源。

（二）艺术、体育和社团活动

高校应该提供丰富多样的艺术、体育和社团活动，为学生提供全方位的发展机会。艺术活动可以帮助学生培养审美能力和创造力，如音乐、舞蹈、绘画等；体育活动可以促进学生身体健康，培养团队合作和领导能力，如篮球、足球、田径等；社团活动可以让学生参与组织管理、交流互动，培养组织能力和人际关系，如学生会、志愿者组织等。通过参与各种活动，学生可以发展个人兴趣爱好，提升综合素质和社交能力。

高校应该重视艺术教育，为学生提供丰富的艺术活动和课程。学校可以开设音乐、舞蹈、绘画等艺术课程，并组织各类文化艺术节、演出和比赛。通过参与艺术活动，学生可以培养审美能力、表达能力和创造力。艺术活动可以激发学生的想象力和创造力，培养他们对美的感知和欣赏能力。

高校应该提供多样化的体育课程和运动场馆，鼓励学生积极参与体育锻炼和比赛。学校可以组织各类体育赛事和运动会，激发学生的竞技精神和团队合作意识。通过参与体育活动，学生可以提高身体素质、培养健康生活方式，并学会团队协作和领导能力。高校还可以与体育俱乐部和社区体育组织合作，为学生提供更广阔的体育发展平台。

社团活动是高校教育中重要的组成部分。学校应该鼓励学生参与各类社团组织，如学生会、志愿者组织、学术科研团队等。社团活动可以培养学生的组织能力、沟通能力和团队合作精神。通过参与社团活动，学生可以发展个人兴趣爱好、拓宽社交圈子，并锻炼自己的领导才能和组织能力。高校可以为社团提供场地和资源支持，鼓励他们开展各类活动和项目，促进学生的全面成长。

为了提供丰富多样的艺术、体育和社团活动，高校应该制定相应的政策和计划，加强师资队伍建设，提供必要的场地和设施支持。同时，高校还应该积极与外界合作，与文化艺术机构、体育组织和社区合作，共同举办各类活动和比赛，为学生提供更广阔的发展机会。

二、强化实践教育

在高校教育中，实践教育是培养学生综合素质和应用能力的重要途径。通过将所学知识应用于实际问题的解决中，学生可以更好地理解和掌握专业知识，并培养实际操作能力和团队合作精神。

（一）实践教学

高校应该注重实践教学的开展，使学生能够将所学知识应用于实际问题的解决中。实践教学可以采用多种形式，如实验课、实训课、实地考察和案例分析等。通过实践教学，学生可以亲自动手进行实验操作、解决实际问题，从而深入理解和掌握专业知识。实践教学还可以培养学生的观察力、实际操作能力和创新思维，提高他们的解决问题能力和实践能力。

为了有效推行实践教学，高校可以建立实验室和实训中心，提供实践教学的场所和设备。这些场所和设备可以模拟真实工作环境，让学生在实践中学习和探索。教师也可以参与行业实践活动，更新自己的专业知识和技能，将最新的实践经验融入教学中，激发学生的学习热情和创造力。

改革课程设置和教学方式也是推动实践教学的关键。高校可以将实践教学纳入课程体系中，使学生在学习过程中不仅掌握理论知识，还能够进行实际操作和实践应用。可以通过设计案例分析、项目实施等任务来激发学生的实践兴趣和动力。

（二）实习机会

为了让学生更好地了解职业领域和实际工作环境，高校应该积极与企业、社会组织等建立合作关系，提供实习机会给学生。实习是学生将所学知识与实际工作相结合的重要途径，可以帮助他们熟悉工作流程、掌握实际操作技能，并了解行业发展趋势和职业要求。

高校可以与企业签订实习协议，确保实习的合法性和权益保障。通过与企业的合作，高校可以为学生提供多样化的实习岗位，涵盖不同行业和专业领域。在选择实习岗位时，高校可以根据学生的兴趣和专业方向进行匹配，使学生能够更好地发挥自己的优势和潜力。

高校还可以开设实习课程，引导学生在实习期间进行学习总结和经验分享。实习课程可以帮助学生理解实习的目标和任务，指导他们如何在实习中进行自我反思和提升。学生可以通过写实习报告、参加实习交流会等方式，将实习经验转化为学习成果，并与他人分享和讨论。这样的实习课程设计可以提高学生对实习的认知和体验，培养他们的职业素养和自我发展能力。

在实习过程中，学生可以与企业员工和导师进行互动和合作，学习专业知识和工作技能，并了解行业发展趋势和职业要求。实习经验也有助于学生更好地规划自己的职业发展和就业方向，为他们未来的就业做出更明智的选择。

（三）实践项目

高校可以开展各类实践项目，为学生提供更广阔的实践锻炼机会。实践项目可以包括科研项目、社会实践、创新创业项目等。通过参与实践项目，学生可以深入参与到具体的项目活动中，通过实际操作和团队合作解决问题，提升综合素质和应用能力。

高校可以组织学生参与科研项目，培养学生的科研能力和创新思维。学生可以与教师一起进行科研课题的设计和实施，积累科研经验和技能。他们可以进行文献调研、实验设计、数据分析等工作，锻炼自己的科学研究能力和解决问题的能力。通过科研项目的参与，学生可以深入了解专业领域的前沿知识和研究方法，拓宽自己的学术视野。

高校还可以开展创新创业项目，鼓励学生进行创新实践和创业尝试。学生可以提出创新创业项目的想法，并得到指导和支持，从而培养创新意识和创业能力。他们可以参加创业比赛、创业训练营等活动，与企业家和投资者进行交流，了解创业市场和机会。通过创新创业项目的实践，学生可以锻炼自己的创新思维、市场分析能力和团队管理能力。

三、培养人文精神

高校教育应该注重培养学生的人文精神，包括道德修养、社会责任和人文关怀等方面的发展。在这个快节奏、功利主义的社会环境中，培养人文精神对于学生的全面成长和社会的进步具有重要意义。

（一）开设人文课程

高校可以在课程设置中专门开设人文课程，涵盖哲学、历史、文学、艺术等领域。通过这些课程的学习，学生可以全面了解人类智慧和文化遗产，培养他们的人文素养和审美能力。这些课程不仅仅是知识的传授，更重要的是引导学生深入思考人类存在及其意义的问题，激发他们对人文价值的关注和思考。

哲学课程可以帮助学生思考人类存在的本质和意义，探讨人的意志、伦理道德以及社会公正等重要议题；历史课程则能够使学生了解人类社会的演变和历史事件的背后原因，培养他们对过去的尊重和对未来的思考；文学课程能够通过文学作品的阅读与分析，启发学生对人性、情感和价值观的思考；而艺术课程则可以培养学生的审美能力和创造力，让他们欣赏和理解不同形式的艺术表达。

除了课堂学习，高校还可以组织各种形式的文化活动，如文学讲座、艺术展览和音乐会等，为学生提供欣赏和参与的机会。这样的活动可以拓宽学生的视野，增加他们对不同文化表达形式的理解和欣赏，培养他们的人文情操和审美能力。

（二）组织社会实践活动

高校应该积极组织学生参与社会实践活动，让他们亲身体验社会的多样性和复杂性。这些实践活动可以包括志愿者服务、社区调研、农村支教等。通过与社会各个层面接触，学生能够更好地了解社会问题，感受到他人的需求，并主动为社会做出贡献。这样的实践经历可以培养学生的社会责任感和人文关怀，让他们明白自己在社会中的角色和责任。

1.志愿者服务

参与志愿者服务是一种有益的社会实践活动，可以让学生亲身体验社会中弱势群体的生活状况，理解他们的需求和困境。学生可以参与关爱老人、儿童教育支持、环保活动等各种志愿者项目，通过实际行动传递温暖和关怀。

参与关爱老人的志愿者服务可以帮助学生更好地了解老年人的生活情况和需求。他们可以陪伴老人聊天、帮助他们购物或者做家务等，给予他们关爱和支持。通过这样的活动，学生能够培养同理心和尊重老人的意识，同时提升自己的沟通和人际交往能力。

参与儿童教育支持的志愿者服务可以为贫困地区的孩子提供教育帮助。学生可以担任教学助手、开展课外辅导或者组织文化活动等，帮助孩子们学习和成长。通过与孩子们的互动，学生能够感受到他们的纯真和渴望知识的心情，同时也能够提升自己的教学能力和领导力。

参与环保活动的志愿者服务可以培养学生的环保意识和责任感。学生可以参与植树造林、垃圾分类、环境保护宣传等活动，为改善环境贡献自己的一份力量。通过实际行动，学生能够更深刻地认识到环境保护的重要性，并意识到自己在保护地球上的责任。

参与志愿者服务的实践活动不仅能够帮助学生培养同理心、合作精神和沟通能力，还能够提升他们的解决问题的能力和社会责任感。通过与弱势群体接触，学生可以更好地理解社会中存在的不公平和困难，并主动为社会做出贡献。这样的经历有助于学生发展为关心他人、乐于奉献的社会参与者，推动社会的进步与发展。

2.社区调研

社区调研是一种重要的实践方式，可以让学生深入社区了解居民的需求和问题。通过与居民交流，学生能够更好地掌握社会现实情况，并思考如何解决社区中存在的各种挑战。这样的实践活动有助于培养学生的社会观察力、分析能力和创新思维，使他们成为能够主动解决问题的社会参与者。

通过与居民交流，学生可以听取他们的声音和意见，了解他们的生活状况和关注点。通过收集和整理相关数据，学生能够全面了解社区的发展状况和存在的问题，为进一步的解决提供基础。

在实地调研中，学生需要仔细观察社区的环境、设施和人群，分析社区存在的问题和潜在的发展机遇。同时，学生还需要运用调研方法和工具，进行数据收集和分析，从而得出客观准确的结论和建议。这样的实践过程有助于培养学生的观察力、分析能力和判断力，提升他们解决问题的能力。

社区调研也可以激发学生的创新思维和解决问题的能力。通过深入了解社区的需求和问题，学生可以思考并提出创新的解决方案。他们可以运用专业知识和技能，结合社区资源和居民的意见，设计和实施可行的计划和项目。这样的实践活动不仅能够培养学生的创新思维，还能够锻炼他们的组织能力和团队合作精神。

3.农村支教

农村支教是一项有益的社会实践活动，学生可以前往农村地区为贫困地区的学生提供教育支持。通过与农村孩子的互动，学生可以深入了解乡村教育的现状和问题，同时也能够增强自己的教学能力和人际交往能力。这样的实践经历可以让学生更加关注教育公平问题，同时也培养他们的爱心和责任感。

参与农村支教可以让学生深入了解乡村教育的现状和挑战。在农村地区，学生可以目睹乡村学校的条件、师资力量和教学资源的不足。通过与当地教师和学生交流，学生能够深刻体会到乡村教育面临的困境和挑战。这样的实践经历有助于学生认识到教育公平的重要性，激发他们对改善乡村教育的关注和行动。

参与农村支教可以提升学生的教学能力和人际交往能力。作为志愿者教师，学生需要根据乡村学生的实际情况和需求，制定合适的教学计划和教材。通过与学生的互动和教学实践，学生可以不断改进自己的教学方法和技巧，提升自己的教育水平。

参与农村支教还可以培养学生的爱心和责任感。在与农村孩子的互动过程中，学生能够感受到他们的渴望知识和成长的心情。通过给予他们教育支持和关怀，学生能够传递温暖和希望，为他们的未来贡献一份力量。这样的实践经历有助于培养学生的社会责任感和公民意识，使他们成为关心他人、乐于奉献的社会参与者。

（三）加强道德教育

高校应该加强道德教育，培养学生的道德修养和价值观念。道德教育可以通过课堂教学、校园文化建设和个案分析等方式进行。

开设道德伦理课程是加强道德教育的重要途径之一。这门课程可以介绍道德哲学、伦理理论和道德决策等内容，使学生对道德原则和伦理规范有更深入的理解。通过案例分析，学生可以面对现实生活中的道德困境，思考并讨论如何做出正确的道德决策。这样的课程有助于培养学生的道德意识和判断能力，提升他们的道德修养。

学校可以通过校园文化建设来强化道德教育。校园文化应该弘扬积极向上、诚信守法的价值观念，营造浓厚的道德氛围。学校可以组织各种形式的道德教育活动，如道德讲座、主题展览和演讲比赛等，引导学生关注道德问题并参与讨论。学校还应该加强对学生的道德教育管理，引导他们遵守学校的行为规范和道德准则。

组织讲座、研讨会和辩论赛等活动也是加强道德教育的有效方式。通过邀请专家学者或行业领袖进行讲座，学生可以接触到不同领域的道德问题，并听取专业意见和观点。研讨会和辩论赛则提供了学生自主讨论和表达观点的平台，激发他们对道德问题的思考和辩证能力。这些活动可以帮助学生拓宽视野、培养思辨精神，并更好地理解和应对复杂的道德挑战。

道德教育不仅要培养学生的个人品德，更重要的是引导他们关注社会公共利益，培养社会责任感和公民意识。通过道德教育，学生能够明确自己在社会中的角色和责任，并用正确的价值观指导自己的行为和决策。

第六章　信息化技术在高校教育管理中的应用

第一节　高校信息化建设的策略与规划

随着信息技术的不断发展和应用，高校信息化建设已成为促进教学科研、管理服务创新的重要手段。然而，在高校信息化建设过程中，由于资源限制、规划不完善等，很多高校仍面临诸多挑战。因此，制定科学合理的策略与规划对于高校信息化建设至关重要。

一、战略规划

高校信息化建设的战略规划是指根据高校整体发展目标和需求，明确信息化建设的总体目标、任务和路径。具体策略包括以下几个方面。

（一）与高校发展目标相衔接

高校信息化建设的目标必须与高校整体发展目标相衔接，充分发挥信息技术在教学、科研、管理等方面的支撑作用，提升高校整体竞争力。

在制定高校信息化建设的策略与规划时，首要考虑的是与高校的发展目标相衔接。高校作为培养人才和推动社会进步的重要机构，其发展目标通常包括提高教育质量、加强科研实力、优化管理效率等方面。因此，高校信息化建设的目标应当紧密围绕这些发展目标展开。

在教学方面，信息化建设可以提供更多样化、灵活性更高的教学手段和平台，促进教学内容的创新和教学方式的转变。例如，通过建设在线教学平台，实现远程教学和异地协同教学，为师生提供更广泛的学习资源和交流机会；利用信息技术辅助评估与反馈系统，能够及时了解学生学习情况，有针对性地提供个性化的学习支持，提高教学质量和效果。

在科研方面，信息化建设可以提供强大的数据分析和处理能力，加速科研过程并提升研究成果。通过建设科研数据管理平台和科研合作平台，实现科研数据的共享与交流，促进学科之间的跨界合作和创新。同时，利用人工智能和大数据技术，能够挖掘出更多有价值的研究方向和发现，推动高校的科研实力和影响力的提升。

在管理方面，信息化建设可以提供更高效、便捷的管理方式和工具，提升管理效率和服务水平。例如，通过建设数字化校园平台，实现各类管理流程的电子化和自动化，减少人力资源的浪费和错误，提高工作效率；借助云计算和物联网技术，可以实现设备的远程监控与管理，提升设备的利用率和维护效率。

（二）适应教育教学改革

随着信息技术的迅猛发展，教育界也逐渐意识到信息化建设对教育教学改革的重要性。为了提升高校教育质量和效率，信息化建设应与教育教学改革紧密结合，并在高校课程建设、教学手段创新等方面推动变革。

在高校课程建设方面，信息化建设可以为教师提供更多的资源和工具，促进课程内容的更新和丰富。通过数字化教材、网络教学平台等方式，教师能够获取到全球范围内的最新教学资源，不仅可以扩大课程的知识广度，还可以提高课程的深度和质量。信息化建设还可以为学生提供个性化学习的机会，满足不同学生的学习需求和兴趣，提高学生的学习积极性和主动性。

在教学手段创新方面，信息化建设可以为教师提供更多的教学工具和方法，丰富教学形式和手段。传统的面授教学可以与在线学习相结合，形成混合式教学模式。通过视频会议、在线讨论、虚拟实验室等方式，教师和学生可以进行跨时空的互动交流，打破传统教学的限制，提高教学效果。信息化建设还可以引入智能化技术，如人工智能辅助教学、虚拟现实技术等，为教师提供更多创新的教学手段，激发学生的学习兴趣和创造力。

信息化建设与教育教学改革的紧密结合，不仅可以提升教学质量和效率，还可以推动高校培养具有创新精神和实践能力的优秀人才。通过信息化建设，学生可以在更广阔的学习环境中获得知识和技能，培养自主学习和合作学习的能力，提高解决问题和创新的能力。教师也可以通过信息化建设获得更多的专业知识和教学经验，不断提升教学水平和能力。这种紧密结合的教育模式将促使学校教育与社会需求更加接轨，为社会培养更加适应时代发展需要的人才。

（三）强化科研支撑

随着科技的不断进步和信息化建设的发展，强化科研支撑已经成为提高科研效能和推动创新发展的重要途径。信息化建设在科研数据管理、科研合作平台建设等方面可以为科研活动提供有效支持，从而提高科研成果的产出和应用。

在科研数据管理方面，信息化建设可以帮助科研人员更加高效地管理和利用科研数据。通过建立科研数据平台和科研数据库，科研人员可以方便地存储、检索和共享科研数据，避免了传统纸质档案管理的烦琐和低效。信息化建设还可以引入大数据和人工智能等技术，对科研数据进行分析和挖掘，发现其中隐藏的规律和价值，为科研人员提供更多的洞察力和决策支持。这样，科研人员可以更好地利用科研数据开展研究工作，提高科研成果的质量和效率。

在科研合作平台建设方面，信息化建设可以促进科研人员之间的合作与交流。通过建立科研合作平台，科研人员可以方便地共享研究成果、交流研究思想和寻找合作伙伴。在这个平台上，科研人员可以发布自己的研究课题和需求，与其他科研人员进行合作，形成多学科、多机构的合作网络。信息化建设还可以提供在线会议和远程协作工具，使科研人员无论身在何处都能够进行实时的沟通和协作。这样，科研人员可以借助信息化建设扩大科研合作的范围和深度，加快科研进展和推动创新应用。

强化科研支撑不仅可以提高科研成果的产出和应用，还可以促进科研与产业的深度融合，推动科技创新和经济发展的良性循环。通过信息化建设，科研人员可以更好地对接产业需求，将科研成果转化为实际生产力。信息化建设还可以提供创新创业的平台和资源，为科研人员提供创新创业的支持和保障。这样，科研人员就能够更加有动力和信心投入科研工作中，不断推动科技创新和社会进步。

（四）加强管理服务创新

随着信息化建设的不断深入，加强管理服务创新已经成为高校提升管理效率和提供优质服务的重要途径。通过信息化手段优化高校管理流程，可以提高管理效率和服务水平，为师生提供更好的学习和工作环境。

在高校管理流程方面，信息化建设可以实现数字化、网络化的管理模式，取代传统烦琐的纸质文档和人工操作。通过建立高校管理信息系统，可以实现对各项管理事务的集中管理和快速处理。例如，学生选课、考试安排、成绩录入等流程可以通过在线系统进行自动化操作，大大减少了人力资源的浪费和错误的可能性。信息化建设还可以引入智能化技术，如人工智能、大数据分析等，提供智能决策和预测能力，帮助高校管理者更好地进行管理决策和资源配置，提高管理效率和精确度。

在服务水平方面，信息化建设可以为师生提供更便捷、个性化的服务。通过建立高校服务平台，师生可以方便地查询各类信息、办理各种手续，如教务管理、图书馆借阅、校园卡充值等，无须排队等待，节约了时间和精力。信息化建设还可以通过在线学习平台、虚拟实验室等方式，提供全天候的学习资源和学习支持，满足师生不同时间、地点的学习需求，提高学习效果和体验。信息化建设还可以为师生提供个性化的服务，根据师生的需求和兴趣推荐相关的课程、活动和资讯，提高师生参与度和满意度。

加强管理服务创新不仅可以提高高校管理效率和服务水平，还可以促进高校的可持续发展和提升综合竞争力。通过信息化建设，高校能够更好地整合资源、优化运营，提高办学质量和效益。高校管理者也能够更好地了解师生需求，及时调整管理策略和服务模式，提升师生满意度和忠诚度。这样，高校将能够吸引更多优秀的师生加入，提升学校声誉和知名度，进而在教育领域获得更大的影响力和竞争力。

（五）建立安全可靠的信息系统

在信息化建设的过程中，建立安全可靠的信息系统对于高校至关重要。加强网络安全建设是确保高校信息系统的安全性和稳定性，预防各类网络攻击和数据泄露的关键举措。

高校需要建立完善的网络安全策略和制度，确保网络安全管理的规范和有效性。这包括明确责任分工、权限管理、访问控制等措施，以及建立安全审计和监控机制，实时监测网络活动并发现异常行为。高校还应定期进行安全漏洞扫描和风险评估，及时修补漏洞，提升系统的抗攻击能力。通过制定并执行严格的网络安全政策，高校能够减少潜在的威胁，并迅速响应和处理安全事件，保障信息系统的安全与稳定。

高校应加强网络安全技术的应用和更新，确保信息系统具备强大的安全防护能力。这包括使用防火墙、入侵检测系统、反病毒软件等网络安全设备，对网络流量和数据进行实时监控和分析，及时发现并阻止潜在的攻击。同时，高校还应定期进行系统补丁和软件更新，确保系统的漏洞得到及时修复，提升系统的抗攻击能力。高校还可以采用加密技术、身份认证等手段，加强对敏感数据和信息的保护，避免数据泄露和非法访问。

高校应加强网络安全意识教育和培训，提高师生对网络安全的认识和防范能力。通过开展网络安全宣传活动、举办网络安全知识培训等方式，向师生普及网络安全知识，教授正确的上网行为和防范措施，增强他们的网络安全意识。高校还可以建立网络安全响应机制，组织应急演练和模拟攻击，提高师生应对网络安全事件的能力和反应速度。

建立安全可靠的信息系统不仅可以保障高校内部数据的安全性和稳定性，还能维护高校声誉和信誉，保护师生的个人隐私和权益。同时，网络安全的保障也是高校与其他机构合作、共享资源的基础，为高校提供更好的发展机遇。

二、技术规划

高校信息化建设的技术规划是指明确采用的技术手段和平台，以及实施过程中需要关注的技术问题。具体策略包括以下方面。

（一）选用适当的技术标准

在信息系统的开发和建设过程中，选用适当的技术标准是确保信息系统互操作性和兼容性的重要举措。通过选择符合国际和国内通用标准的技术，可以有效解决不同系统之间的数据交换、协作和集成问题，提高信息系统的效率和可靠性。

选用适当的技术标准可以保证信息系统的互操作性。互操作性是指不同系统能够无缝地进行数据交换和协作，实现信息的共享和流动。在选择技术标准时，应考虑到国际和国内通用的标准，如 XML、JSON 等数据交换格式，RESTful

API、SOAP 等网络服务协议，以及 HTTP、TCP/IP 等通信协议。通过使用这些通用标准，信息系统可以与其他系统进行有效的数据交互和协作，实现业务流程的无缝衔接和信息的全面共享。

选用适当的技术标准可以确保信息系统的兼容性。兼容性是指信息系统能够与不同硬件、操作系统、数据库等环境进行良好的适配和运行。在选择技术标准时，应考虑到广泛应用的开放标准，如 HTML5、CSS3 等前端开发标准，Java、Python 等跨平台编程语言，以及 MySQL、Oracle 等常用数据库标准。通过使用这些兼容性良好的技术标准，信息系统可以在不同环境中稳定运行，并且能够随着硬件和软件的更新进行升级和扩展。

选用适当的技术标准还有助于提高信息系统的安全性和可靠性。安全性是信息系统建设中不可忽视的重要方面，选择符合安全标准的技术可以有效防范各类网络攻击和数据泄露。例如，在开发 Web 应用时，应选择具有良好安全性记录的框架和库，如 Spring Security、JWT 等，来保护用户身份验证和敏感数据的安全。可靠性则是指信息系统在长期运行过程中能够持续稳定地提供服务。选择经过验证和广泛应用的技术标准，可以减少系统错误和故障的概率，提高系统的稳定性和可靠性。

（二）构建统一的信息平台

构建统一的信息平台是整合高校各类信息系统、实现数据共享和交流的重要举措。通过建设统一的信息平台，可以提高系统的整体效益，促进高校管理的科学化、智能化和便捷化。

构建统一的信息平台可以实现高校各类信息系统的互联互通。高校内部存在着多个独立的信息系统，如教务管理系统、人事管理系统、财务管理系统等。这些系统之间往往存在数据孤岛和信息割裂的问题，导致信息流动不畅、工作效率低下。通过构建统一的信息平台，可以将这些独立的信息系统进行整合，实现数据的共享和交流。例如，可以建立一个综合管理系统，集成各个子系统的功能和数据，形成一个统一的入口，使师生和管理人员能够方便地访问和管理各类信息。

构建统一的信息平台可以提高数据的准确性和一致性。在传统的信息系统中，由于数据的存储和管理方式各异，数据的一致性和准确性难以保证。而通过构建统一的信息平台，可以统一规范数据的格式和存储方式，建立数据集成和同步机制，确保数据在不同系统之间的准确传递和一致性维护。这样，师生和管理人员可以更加便捷地获取到准确、完整的信息，提高决策的科学性和精确性。

构建统一的信息平台还可以提升用户体验和服务质量。通过统一的信息平台，师生和管理人员可以享受到一站式的服务和便利。无论是查看课表、选课报名，还是查询成绩、申请证明等，用户只需登录一个平台即可完成多个操作，避免了频繁切换系统和重复输入信息的麻烦。同时，统一的信息平台还可以提供个性化的服务和推荐，根据用户的需求和偏好向其推送相关的信息和资源，提高用户体验和满意度。

（三）强化网络基础设施建设

强化网络基础设施建设是提供稳定、高速网络环境，满足师生对于网络资源需求的重要举措。通过加强校园网络的建设和升级，可以提升网络的覆盖范围、带宽和性能，为师生提供更好的上网体验和学习工作环境。

加强网络基础设施建设需要提升校园网络的覆盖范围和信号稳定性。这意味着在校园内建设更多的无线接入点，覆盖教学楼、实验室、图书馆等各个区域，并确保无线信号的稳定传输。同时，应优化网络拓扑结构，采用合适的网络设备和技术，消除死角和信号干扰，提高网络的覆盖质量和稳定性。这样师生无论身处何处都能够方便地接入校园网络，享受到稳定、畅通的上网服务。

加强网络基础设施建设需要提升校园网络的带宽和传输速度。随着数字化时代的来临，高校师生对于网络资源的需求越来越大，例如在线课程、学术论文下载、大型文件传输等。因此，校园网络需要具备足够的带宽和高速传输能力，以满足师生对于大流量数据的需求。在建设和升级校园网络时，应考虑到未来的扩展和增长，选择合适的网络设备和技术，提供足够的带宽和稳定的传输速度。

强化网络基础设施建设不仅可以提供稳定、高速的网络环境，满足师生对于网络资源的需求，还可以促进高校教学和科研的发展。通过提供优质的网络环境，教师可以更好地利用网络资源开展教学活动，创新教学方式和方法；学生可以更便捷地获取学习资料、参与在线学习等。同时，强化网络基础设施建设还有助于促进学术交流和合作研究，提高高校的学术影响力和科研水平。

（四）推进云计算与大数据应用

积极推进云计算和大数据技术在高校的应用，对于提升教学科研的质量和效率具有重要意义。通过充分利用云计算和大数据技术，高校可以获得更多的创新手段和支撑，实现教学和科研的数字化、智能化和个性化。

云计算技术的应用可以为高校教学提供更丰富的创新手段。通过云计算平台，教师可以构建在线课堂、远程教育和虚拟实验室等创新教学环境，打破时间和空间的限制，使学生能够随时随地进行学习。云计算还可以支持教学资源的共享和交流，教师可以分享优质的教学资源、案例和教学经验，促进教师之间的合作与互动。

大数据技术的应用可以为高校科研提供更强大的支撑和分析能力。通过收集、存储和分析大量的学术数据和研究成果，可以发现其中的规律和关联性，提供更深入的研究洞察和决策支持。例如，在科研过程中，可以利用大数据技术进行文献检索和知识图谱构建，帮助研究人员快速获取相关文献和研究进展，拓宽研究方向和视野。大数据技术还可以应用于科学实验数据的处理和分析，加快科研成果的产出和验证过程。通过利用大数据技术的强大分析能力，高校科研人员可以更高效地开展研究工作，推动学术创新和科学发展。

推进云计算和大数据技术在高校的应用不仅可以提升教学科研的质量和效率，还可以促进高校与社会的深度融合和合作。云计算和大数据技术的应用将为高校提供更多的创新机遇和合作平台。高校可以与行业企业、研究机构等共享云计算和大数据资源，开展合作研究和创新项目，共同推动科技进步和社会发展。

三、组织规划

高校信息化建设的组织规划是指明确信息化建设的组织结构、职责分工以及管理机制等。具体策略包括以下方面。

（一）成立专门的信息化建设部门

为了有效推进高校的信息化建设，必须成立专门的信息化建设部门或机构，来负责信息化建设的统筹规划、项目管理和技术支持等工作。这样的部门可以更好地整合资源，提升高校信息化建设的效率和质量。

1.统筹规划

该部门可以负责制定高校信息化建设的整体发展战略和规划，明确目标和重点。通过对各个学院和部门的需求进行调研和分析，制定具体的信息化建设方案。该部门还可以协调各方面资源，确保信息化建设与高校整体发展相衔接，实现整体规划的有效实施。

2.技术支持

随着信息化建设的推进，高校将面临各种技术问题和挑战。该部门可以负责研究新兴技术趋势，评估和引入适合高校的信息化技术工具和平台。同时，该部门可以培训和支持高校师生使用这些技术工具，提高他们的信息化应用能力。该部门还可以负责信息系统的运维和安全管理，确保高校信息系统的稳定性和安全性。

（二）建立信息化建设管理体系

为确保高校信息化建设的顺利进行，必须建立科学合理的信息化建设管理体系，包括项目管理、资金管理和风险管理等方面的规范和措施。

1.项目管理

高校在进行信息化建设时，往往需要同时进行多个项目，为了确保项目的顺利推进和有效实施，建立一个完善的项目管理体系至关重要。该体系应包括项目立项、计划制订、资源分配、执行监控和评估反馈等环节。

在项目立项阶段，高校需要明确项目的目标、范围和可行性，并确定项目的优先级和时间表。通过项目立项，可以明确项目的价值和意义，为后续的计划制订和资源分配提供基础。

在计划制订阶段，高校应制定详细的项目计划和工作流程，明确项目的里程碑和关键路径。在制订计划时，需要考虑项目所需的人力、物力和财力资源，合理安排工作时间和任务分配，确保项目能够按时完成。

在资源分配阶段，高校需要根据项目的需求和优先级，合理分配人力、物力和财力资源。这涉及对各个项目的优先级进行评估和排序，以确保资源的最优配置，避免资源浪费和冲突。

接下来，在项目执行过程中，高校需要进行监控和控制，确保项目按照计划进行。这包括对项目进展、质量和成本进行监测和评估，及时发现并解决问题，确保项目的顺利进行。

在整个项目管理过程中，高校还应建立健全的沟通机制和协作平台，促进项目团队成员之间的信息共享和协作配合。可以使用专门的项目管理工具和软件，以提高项目执行效率和质量。

2.资金管理

信息化建设需要大量的资金投入，为了确保资金的合理使用和监控，高校应建立一个完善的资金管理体系。该体系应包括预算编制、经费审批、资金支付和使用情况的监督等环节。

在预算编制阶段，高校需要对信息化建设项目进行详细的成本估算和预算编制。通过评估项目所需的硬件设备、软件开发、培训和维护等方面的费用，制订合理的预算计划。预算编制应考虑项目的优先级和时间安排，确保资金的合理分配和利用。

在经费审批阶段，高校需要建立明确的审批流程和机制，确保经费申请和使用符合规定和程序。这包括对项目经费的申请、审批和监督，确保经费的合法性和合规性。在审批过程中，还应注重项目的可行性和效益评估，确保资金的有效利用和回报。

在资金支付阶段，高校需要建立规范的支付流程和管理制度，确保资金的及时拨付和准确支付。这包括与供应商或服务提供商的合同签订、发票核对和支付确认等环节。同时，还应建立严格的资金管理和监督制度，加强对资金使用情况的监控和审计，防止资金的浪费和滥用。

在资金使用情况的监督阶段，高校应加强对资金使用情况的跟踪和监测，确保项目的资金使用符合预算和规定。

3.风险管理

在信息化建设过程中，高校面临各种风险和挑战，如技术风险、安全风险和项目延期风险等。为确保信息化建设的顺利进行，高校应建立一个完善的风险管理体系。该体系应包括风险识别、风险评估、风险应对和风险监控等环节。

在风险识别阶段，高校需要全面分析和识别信息化建设中可能出现的各类风险。这可以通过专业团队的讨论和研究，结合过往经验和行业知识，确定潜在风险并列出清单。这些风险可能涉及技术难题、人员变动、安全漏洞、预算不足等多个方面。

在风险评估阶段，高校需要对识别出的风险进行定性和定量的评估，以判断风险的严重程度和影响范围。通过综合考虑风险的概率和后果，可以对风险进行优先级排序，并制定相应的应对策略。

在风险应对阶段，高校需要制定具体的风险管理策略和措施，以应对不同类型的风险。例如，对于技术风险，可以加强技术研发和测试，确保系统的稳定性和可靠性；对于安全风险，可以加强网络安全防护和数据备份，保障信息系统的安全性；对于项目延期风险，可以制定详细的项目计划和进度监控机制，及时调整资源和任务分配，确保项目按时完成。

在风险监控阶段，高校需要建立风险监控机制和应急预案，及时发现和处理潜在风险。可以通过定期的风险评估和监测，跟踪风险的变化和演化，及时采取相应的风险控制措施。还应建立应急预案和灾备机制，以应对突发风险事件，最大限度地减少损失和影响。

（三）推动组织文化变革

为了顺利推进高校的信息化建设，必须积极推动组织文化的变革。这意味着要倡导信息共享、协作创新的理念，打破学院与学科间的壁垒，促进跨学科合作。通过组织文化变革，高校可以更好地适应信息化时代的需求，提高教学、科研和管理水平。

1.倡导信息共享

传统上，高校各学院和学科之间往往存在信息孤岛和数据孤立的现象。这种局面不利于信息的整合和资源的共享。推动组织文化变革，需要倡导信息共享的理念，让各个学院和学科之间的师生能够自由交流和分享信息。通过建立信息共享的机制和平台，提供便捷的信息传递渠道，鼓励师生们主动分享自己的经验和成果，实现知识的互通有无。这样可以避免重复劳动，提高工作效率，同时也可以促进跨学科的合作和创新。

2.协作创新

信息化建设需要多个学科和专业的协同合作，通过组织文化变革，可以打破学院与学科之间的壁垒，促进跨学科的合作。高校应该鼓励师生们积极参与跨学科的项目和课题研究，提供相应的支持和奖励机制。同时，建立协作创新的平台和机构，为师生们提供良好的交流和合作环境。通过跨学科的协作，可以汇集不同学科领域的智慧和资源，促进创新的产生和传播，推动高校整体水平的提升。

3.改变评价体系

信息化建设的推进需要人才的支持，而人才的培养离不开适应信息化时代的综合能力。在组织文化变革的过程中，高校需要重新审视和调整评价体系，将综合能力作为评价的重要指标。不仅要注重学术成果的数量和质量，还要关注师生们的信息素养、创新能力和团队合作能力等方面的发展。通过改变评价体系，高校可以引导师生们更加注重综合能力的培养，提高他们在信息化时代的适应能力和竞争力。

（四）建立绩效评估体系

为了科学地评估高校信息化建设的成果和效益，必须建立绩效评估体系，定期对信息化建设进行评估，并根据评估结果及时调整和优化规划策略。通过建立这样的体系，可以实现对信息化建设的有效监控和管理，提高信息化建设的质量和效率。

绩效评估需要明确评估的目标和指标，以便准确衡量信息化建设的成果和效益。可以从不同维度来制定评估指标，如教学支持、科研支持、管理支持等方面。评估指标应具备可衡量性、可比较性和可操作性，能够反映信息化建设的实际情况。同时，要根据高校的特点和发展需求，适当调整和完善评估指标体系，确保评估的科学性和针对性。

绩效评估不应只是一次性的活动，而是一个持续的过程。高校应制定明确的评估周期和计划，定期对信息化建设的成果和效益进行评估。可以选择每年或每个学期进行评估，根据评估结果及时调整和优化规划策略。评估过程应采取多种方法和手段，如问卷调查、实地观察、数据分析等，以获取全面准确的评估信息。还要建立评估结果的反馈机制，将评估结果及时传达给相关部门和人员，促进问题的解决和经验的分享。

绩效评估的目的是提高信息化建设的质量和效益，因此评估结果必须被有效利用。根据评估结果，高校应及时调整和优化信息化建设的规划策略，明确下一步的发展方向和重点任务。评估结果还可以作为决策的参考依据，帮助高校领导层做出科学合理的决策。通过持续的绩效评估和改进，高校可以不断提升信息化建设的水平和效果。

第二节　信息化技术在学校管理中的应用

随着信息技术的不断发展和普及，学校管理也逐渐借助信息化技术来提高效率、优化流程和提供更好的服务。

一、学校管理中的信息化技术应用

（一）学生信息管理

学校管理的一个重要方面是学生信息管理。传统的学生信息管理通常依赖纸质档案和手工录入，这种方式存在许多问题，比如容易出现数据丢失、混乱和耗时等情况。然而，借助信息化技术，学校可以建立学生信息管理系统，实现学生信息的电子化存储、查询和更新。这样做不仅可以减少人力成本，还能提高数据的可靠性和安全性。

借助学生信息管理系统，学校可以将学生的个人信息、学籍信息、考试成绩、奖惩记录等全部电子化存储。与传统的纸质档案相比，电子化存储具有明显的优势。电子化存储不受空间限制，可以存储大量的学生信息，而且可以随时扩展存储容量；电子化存储可以快速检索和查询学生信息，极大地提高了工作效率；通过合理设置权限，只有授权人员才能访问和修改学生信息，保障了数据的安全性和隐私保护。

在学生信息管理系统中，学校可以为每个学生建立独立的信息档案，包括基本信息（如姓名、性别、出生日期、家庭地址等）、学籍信息（如入学年级、班级、学号等）、教育经历、奖惩记录以及学业成绩等。通过这个系统，教职员工可以随时查看和更新学生的信息，同时还可以生成各种报表和统计数据，为学校的管理决策提供参考依据。

（二）教务管理

教务管理是学校管理中的关键部分之一，而信息化技术的应用可以使得教务管理更加高效和便捷。

1.电子课表系统

电子课表系统是一种利用信息化技术进行排课和调课的工具，它能够自动化生成教师和学生的课程表，避免了传统手工排课过程中的烦琐和错误。

通过电子课表系统，教务人员可以快速地对课程进行安排和调整。系统能够根据教师的授课时间、课程要求以及教室的可用情况等因素，智能地进行排课，确保课程安排的合理性和公平性。教务人员只需输入相关信息，系统即可自动生成课程表，大大减轻了教务人员的工作负担，并提高了排课的效率。

同时，学生和教师也可以通过电子课表系统方便地查看自己的课程表。学生可以在系统中查看自己所选修的课程及其时间安排，从而更好地管理和安排自己的学习时间。教师可以在系统中查看自己的授课安排，合理安排备课和上课时间，提高教学效果。

电子课表系统还能实时掌握教室资源的利用情况。系统可以记录每个教室的使用情况，包括每节课的上课时间、上课班级等信息。教务人员可以通过系统查看教室的占用情况，合理安排课程，避免因教室资源不足而影响正常教学。

2.电子考试系统

学校可以引入电子考试系统来进行在线考试和成绩管理，这将显著提高考试的公平性和准确性。

电子考试系统能够自动随机生成试卷，消除了传统纸质试卷容易泄题的问题。通过系统生成试卷，每个学生都可以得到一个独特的试题顺序和组合，从而避免了作弊和答案泄露的可能性，保证了考试的公正性。

学生可以通过计算机或其他设备进行答题，系统会自动批改答卷，避免了人工批改过程中的主观因素和误判。电子考试系统使用智能算法来评估学生的答案，并根据预先设定的标准进行评分，确保了评分的客观性和一致性。学生可以即时得知自己的成绩，及时了解自己的表现，便于针对性地进行学习调整和改进。

电子考试系统还可以实时生成考试成绩和分析报告，方便教务人员和学生了解考试情况，并及时采取相应的措施。教务人员可以通过系统快速获取全班或全校学生的成绩统计数据，了解整体情况并进行评估和分析。学生则可以查看自己的得分以及与其他同学的比较，促进竞争意识和自我提升。

（三）资源共享与互动

信息化技术的应用不仅可以提升学校内部教务管理效率，还促进了学校内外资源的共享与互动。

1.教学资源平台

学校可以建立自己的教学资源平台，将各种教学资源进行数字化存储和共享。这样的平台不仅可以方便教师备课和教学，也能为学生提供丰富的学习资料，辅助他们的学习过程。教学资源平台具有多方面的优势。

教学资源平台使得教师能够轻松地上传和下载教学资源。教师可以将自己制作的教材、课件、习题等资源上传到平台上，与其他教师进行共享。

学生可以通过教学资源平台获得丰富的学习资料。他们可以从平台上获取到教师上传的教材、课件、习题等资源，用于自主学习和复习。

教学资源平台还实现了资源的分类和检索功能。教师和学生可以根据需要，按照科目、年级、主题等标签对资源进行分类，便于快速找到所需的教学素材。这大大节省了查找资源的时间，提高了教学效果。

教学资源平台还可以提供交流和互动的功能。教师和学生可以在平台上进行讨论、提问和回答问题，促进教学上的互动和合作。这样的互动能够激发学生的学习兴趣，加强师生之间的沟通。

2.网络互动与社交媒体

网络互动与社交媒体在学校与家长、社会各界之间的沟通中起着重要作用。通过建立学校官方网站、微信公众号等渠道，学校可以实现及时发布学校通知、活动信息等，从而让家长和社会更好地了解学校的发展动态。

学校官方网站是学校与家长、社会交流的重要平台之一。学校可以在网站上发布学校介绍、办学理念、师资力量等信息，让家长和社会对学校有更全面的了解。学校还可以将学校通知、校历、教学计划等相关信息发布在网站上，方便家长随时查看。学校也可以通过网站收集家长和社会的反馈意见，以便及时改进和提升学校的教育质量。

微信公众号是学校与家长、社会互动的重要途径。学校可以在微信公众号上定期发布学校新闻、活动报道、成绩公示等内容，让家长和社会了解学校的最新动态。学校还可以通过微信公众号与家长进行在线交流，解答他们的疑问和关注，提供更加贴心的服务。通过微信公众号的互动功能，学校可以与家长和社会建立更为紧密的联系，增强学校与家长、社会之间的信任和合作。

3.学校合作与资源共享

信息化技术为学校间的合作和资源共享提供了便利和机会。通过建立合作平台或网络平台，学校可以实现教育资源的共享与交流，促进教育事业的发展。

学校可以利用信息化技术建立合作平台，将不同学校的特色课程进行整合和共享。通过在线教学的方式，学校可以开设跨校的特色课程，让更多的学生受益。例如，一些优质高中的名师可以通过视频直播或录制课程的形式，将自己的教学经验和知识分享给其他学校的学生。这样一来，学生们可以获得来自不同学校、不同教师的优质教育资源，丰富自己的学习内容和方法。

学校可以借助信息化技术组织线上研讨会、教师培训等活动，促进教师之间的交流和专业发展。通过网络会议工具，教师们可以在不同地点进行实时互动和交流，分享教学经验、探讨教育问题，从而提升自身的教学水平。学校还可以利用网络平台搭建教师资源库，教师们可以分享和下载各类教学资源，提高课程设计和教学效果。

二、信息化技术在学校管理中的优势

信息化技术在学校管理中的应用带来了许多优势。

（一）提高管理效率

信息化技术的应用可以显著提高学校的管理效率。通过自动化和数字化学校管理流程，可以减少人力成本和时间消耗，提高工作效率。

学校可以利用学生信息管理系统来进行学生信息的自动化管理。传统上，学校需要通过手工记录和整理学生的基本信息、成绩单、出勤情况等。而有了学生信息管理系统，学校可以快速查询和更新学生信息，避免了烦琐的手工操作。教师、辅导员和学生家长可以通过系统实时获取学生的最新信息，包括个人资料、课程表、成绩报告等。这不仅方便了学校管理人员的工作，也提供了更好的沟通和协作平台，使得学校与家长之间的交流更加便捷和高效。

信息化技术还可以支持学校的行政管理工作。学校可以建立电子文档管理系统，将各类文件、报告等数字化存储和管理。这样一来，学校管理人员可以快速检索和共享文件，提高办公效率。通过网络平台，学校可以实现在线会议、任务分配、协同编辑等功能，促进团队合作和沟通效率。

（二）提升数据可靠性和安全性

借助信息化技术，学校能够建立完善的学生信息数据库，并采取相应的数据备份和安全措施，以保证数据的可靠性和安全性。通过权限管理和访问控制，学校还可以确保只有授权人员才能访问和修改相关信息，从而提高数据的保密性。

学校可以利用信息化技术建立学生信息数据库。这个数据库可以包含学生的个人资料、学习成绩、课程表、奖惩记录等重要信息。通过将这些信息集中存储在数据库中，学校可以更加方便地管理和查找相关数据，减少信息丢失或错误的可能性。

为了保障数据的可靠性，学校可以采取数据备份措施。定期对学生信息数据库进行备份，可以防止因系统故障、硬件损坏或其他意外情况导致的数据丢失。备份数据可以存储在不同的物理位置或云服务器上，以增加数据的安全性和恢复性。

权限管理和访问控制也是保障数据安全性的重要手段。学校可以设立不同级别的用户账号，并为每个账号分配特定的权限。只有经过授权的管理员或教职员工才能够访问和修改学生信息，其他人员只能查看相关信息。这样一来，可以最大限度地减少数据泄露和滥用的风险。

学校应加强对教职员工的信息安全培训，提高他们对数据安全的意识和操作规范。定期组织安全意识教育和培训活动，向教职员工传授安全技巧和最佳实践，帮助他们识别和应对潜在的安全威胁。

（三）支持科学决策和规划

学校管理信息化平台提供了数据分析和决策支持功能，帮助学校领导进行科学决策和规划。通过对学生信息、教师教学情况、资源利用等数据的分析，学校可以及时发现问题、优化资源配置，并制定相应的改进措施。

1.学生信息

通过对学生的学习成绩、考试情况、出勤记录等数据进行分析，学校可以了解学生的学习状况和潜在问题。例如，通过对学生的成绩分布进行统计分析，学校可以发现是否存在成绩不平衡的情况，从而采取有针对性的辅导措施。

2.教师教学情况

通过收集和分析教师的教学评价、教学反馈以及学生的评价等数据，学校可以评估教师的教学质量和效果。这有助于学校发现教学中存在的问题，并提供相应的培训和支持，提高教师的教学水平。

3.资源利用

通过收集和统计学校各类资源的使用情况，如教室利用率、实验设备使用情况等，学校可以了解资源利用的效率和合理性。基于这些数据，学校可以优化资源配置，提高资源利用效率，为学生提供更好的学习环境。

学校管理信息化平台还可以通过数据可视化和报表功能，将分析结果以直观和易懂的方式呈现给学校领导。学校领导可以根据这些数据和图表，进行科学决策和规划。例如，在招生计划制订过程中，学校可以根据历年的招生数据和趋势预测模型，制订合理的招生计划，确保学校的招生目标与实际需求相匹配。

第三节　信息化技术对教育管理模式的影响

随着信息技术的不断发展和应用，教育领域也在不断探索如何运用信息化技术来改进教育管理模式。信息化技术在教育管理中的应用，为教育管理提供了更高效、更精确、更智能的解决方案。

一、资源管理

信息化技术对教育管理模式的一个重要影响是资源管理方面。传统的资源管理方式存在一些问题，如资源分配不均衡、浪费现象严重等。而信息化技术的应用可以解决这些问题。通过建立资源管理系统，可以实现教育资源的全面数字化管理，包括教材、实验设备、图书馆资源等。

在教材管理方面，通过电子化教材的使用，可以减少纸质教材的印制和分发，节约资源，并且便于更新和修改。学生可以通过电子教材进行在线学习和作业提交，教师也可以根据教学需要随时调整教材内容。

在实验设备管理方面，通过智能化的设备管理系统，可以实现设备借用、归还和维修等操作，提高设备利用率和管理效率。学生和教师可以通过系统查询设备的可用情况，预约使用时间，避免了传统的手工登记和排队等问题。

在图书馆资源管理方面，通过建立数字化的图书馆系统，可以实现图书信息的集中管理和共享，学生和教师可以通过系统查询图书的借阅情况、预约图书等。同时，电子图书的应用也使得学习资源更加丰富和便捷，学生可以随时随地通过网络获取所需的学习资料。

二、教育评估与监控

教育评估与监控是教育管理中至关重要的环节，它可以帮助教育机构和教育管理者了解学生的学习情况、教学质量和教育改革的效果。随着信息化技术的发展和应用，教育评估与监控也得到了许多新的工具和方法的支持。

（一）从传统评估到信息化评估

传统的教育评估通常依赖于问卷调查、观察和面试等方式，这种评估方式存在许多局限性，如主观性高、数据收集困难等。而借助信息化技术，教育评估可以更加科学、客观和全面。例如，通过在线测试和自动化评分系统，可以实现大规模、快速的评估，提供准确的评估结果。信息化技术还可以结合学习分析和数据挖掘技术，深入分析学生的学习行为和学习成果，为教育管理者提供更全面的评估数据。

（二）数据驱动的教育监控

信息化技术对教育监控的影响体现在数据的收集、分析和利用上。传统的教育监控主要依赖于教师的观察和经验，容易受到主观因素的影响。而信息化技术可以实现对学生学习过程的全程记录，并通过数据分析和可视化展示，帮助教育管理者发现问题和优化教学。例如，通过学习管理系统和学习分析平台，教育管理者可以实时了解学生的学习进度、学习情况和知识掌握程度，及时采取干预措施，提高教学效果。

（三）教育管理的科学决策

信息化技术为教育管理者提供了更多的数据支持，帮助他们做出科学的决策。传统的教育管理往往依赖经验和直觉，容易受到主观因素的干扰。而借助信息化技术，教育管理者可以基于大数据分析和学习算法，对教育数据进行深入挖掘和分析，发现规律和趋势，从而做出更准确、科学的决策。例如，通过学生数据分析，可以及时发现学习问题和学习瓶颈，制订个性化的教育方案；通过教师数据分析，可以评估教师的教学质量和效果，为教师专业成长提供指导和支持。

三、教育管理模式的变革

教育管理模式是指教育机构和管理者在组织、实施和监督教育活动中采用的管理方法和策略。

（一）从单向传导到共治共享

传统的教育管理模式通常是由上而下的单向传导，管理者制定政策和规章制度，教师和学生被动执行。而信息化技术的引入打破了这种格局，实现了教育管理的共治共享。教育管理者、教师和学生可以通过在线平台进行交流和互动，共同参与教育管理过程。例如，通过电子学习平台和社交媒体，教师可以与学生进行在线互动和讨论，促进学生参与和主动学习；教育管理者可以通过在线调查和反馈机制，听取教师和学生的意见和建议，改进教育管理策略。

（二）从集中管理到分散管理

传统的教育管理通常是由教育机构或教育部门进行集中管理，决策权和资源分配权集中在少数管理者手中。然而，信息化技术的发展使得分散管理成为可能。通过互联网和电子教育平台，教育资源可以更加分散地被共享和利用。教育机构、教师和学生可以根据自身需求和条件，自主选择和使用教育资源。例如，教师可以通过在线教育平台搜索和选择适合自己的教学资源；学生也可以根据个人学习进度和兴趣，选择适合自己的学习方式和学习资源。这种分散管理的模式促进了教育资源的多样化和个性化，提高了教育质量和效果。

（三）从经验管理到数据驱动

传统的教育管理往往依赖于管理者的经验和直觉，决策过程容易受到主观因素的影响。而信息化技术可以提供更多的数据支持，使教育管理更加科学、客观和准确。通过学习管理系统和学习分析平台，教育管理者可以收集和分析大量的学生学习数据，了解学生的学习情况和行为特征，发现问题和优化教学。同时，教育管理者还可以利用数据分析和预测技术，预测学生的学习成绩和发展方向，制定相应的教育方案和政策。这种基于数据的管理模式能够提高教育管理的科学性和精确性。

第七章　国际化视野下的高校教育管理

第一节　高校国际化发展的背景和意义

一、背景

随着全球化进程的加速和信息技术的快速发展，高等教育领域也面临了新的机遇和挑战。高校国际化发展成为现代高等教育改革的重要方向之一。在这一背景下，高校国际化发展的背景主要体现在以下几个方面。

（一）全球化竞争的加剧

全球经济一体化和国际交流合作的深入发展，为各国高校带来了全球范围内的竞争。在这样的背景下，高校国际化发展成为提升高校影响力和增强国家竞争力的重要手段。

全球化竞争的加剧促使高校寻求更广阔的市场和资源。随着国际交流的便捷化和信息技术的迅猛发展，学生和教师的流动变得更加容易。各国高校之间不再局限于本地区或本国内的竞争，而是面临来自全球范围内的竞争对手。高校国际化发展可以通过吸引国际学生、引进国际知名教师、与外国高校开展合作办学等方式，拓宽市场，提升高校的吸引力和影响力。

高校国际化发展有助于提升高校的教育质量和水平。通过与国际知名高校的合作办学、联合培养等形式，高校可以借鉴先进的教育理念、教育资源和教育方法，提升教师的教学水平和科研能力。高校国际化发展还可以促进教育资源的共享和交流，丰富学生的学习体验，提高教育质量。

（二）知识经济时代的需求

在知识经济时代，人才成为国家发展的核心资源。高素质、具有国际视野的人才是各国追求的目标。高校国际化发展在这一背景下可以提供更广阔的学习、交流和合作平台，培养适应全球化时代需求的复合型人才。

高校国际化发展可以丰富学生的学习体验，提供更广阔的学习机会。通过与国际知名高校的合作办学、联合培养等方式，学生可以接触到不同国家、不同文化的学术环境和教育资源。他们可以参与国际研讨会、学术交流等活动，与来自世界各地的优秀学生一起学习、讨论，拓宽学科视野，增长知识。

高校国际化发展有助于培养学生的跨文化沟通能力和国际合作意识。在全球化时代，各国之间的交流与合作变得日益频繁。具备跨文化沟通能力的人才对于国际交流与合作至关重要。高校国际化发展可以通过开设双语教学、提供交换生项目、组织国际实习等方式，让学生接触不同文化背景的人群，锻炼他们的跨文化交流能力，培养他们的国际合作意识和团队合作精神。

（三）多元文化的冲击

在全球化背景下，不同国家、不同文化的碰撞和融合已成为常态。高校国际化发展在这一背景下可以促进多元文化的交流与对话，提升学生的跨文化沟通能力和国际视野。

高校国际化发展为学生提供了与来自不同国家和地区的学生进行交流和互动的机会。通过国际学生交换项目、双学位合作办学等形式，学生可以结识来自各个文化背景的同学，共同学习、生活和分享经验。这种交流不仅可以增进彼此之间的了解，还可以培养学生的包容性和尊重他人差异的意识。

高校国际化发展还有助于拓宽学生的国际视野。通过与国际知名高校的合作办学、国际学术交流活动等形式，学生可以了解到不同国家的教育体制、文化传统、社会发展等方面的差异。这种国际视野的拓展可以使学生更加全面地认识世界，更好地把握全球化时代的机遇和挑战。

二、意义

高校国际化发展具有重要的意义，主要体现在以下几个方面。

（一）提升教育质量

高校国际化发展在提升教育质量方面具有重要的作用。通过引入先进的教育理念、教育资源和教育方法，高校可以不断提升教育质量，为学生提供更优质的教育。

高校国际化发展可以借鉴并引进国际知名高校的先进教育理念。不同国家和地区的高校在教育模式、课程设置、教学方法等方面可能存在差异，通过与国际知名高校的合作办学或联合培养项目，可以了解到国际上先进的教育理念和实践经验。这些先进理念和经验可以激发高校内部的教育改革意识，促进教师们更新教育观念，进一步提升教学质量。

高校国际化发展也有助于提高教师的教学水平。通过与国际知名高校的合作交流、访问学者项目等方式，教师可以接触到国际先进的教学方法和教学资源。他们可以与国际教育专家进行深入的学术交流，了解最新的教育研究成果，提升自身的教学水平。教师还可以参与国际合作研究项目，与国际团队合作，推动科研创新，提高教育质量。

（二）推动科研创新

高校国际化发展在推动科研创新方面具有重要意义。通过开展国际合作研究项目、参与国际学术交流活动，高校可以促进科研创新，提升科研水平和创新能力。

高校国际化发展可以吸引更多的优秀科研人才。通过与国际知名高校的合作，高校可以拓宽人才引进的渠道，吸引国际一流的科研人才来校工作和研究。这些优秀科研人才带来了丰富的研究经验和先进的科研思路，可以为学校注入新鲜血液，推动科研创新。

高校国际化发展可以拓宽科研领域的国际合作。通过与国外高校、科研机构的合作研究项目，高校可以共享科研资源和技术平台，加强科研成果的交流和合作。这种国际合作可以促进不同国家和地区之间的学术交流，推动科研成果的转化和应用。同时，国际合作还可以拓宽科研团队的视野，激发创新思维，提高科研水平和创新能力。

高校国际化发展还可以为科研成果的转化和应用提供支持。通过与国际企业、产业界的合作，高校可以将科研成果转化为实际应用，推动科技创新与产业升级。国际化的合作关系可以帮助高校与企业建立更紧密的联系，加快科研成果的商业化过程，实现科研成果的价值最大化。

（三）推动社会经济发展

高等教育的国际化发展在推动社会经济发展方面具有积极的作用。当一个高校吸引国际优秀学生和学者来校交流学习时，这不仅可以提升该高校的声誉和影响力，也能为当地经济带来巨大的发展机遇。

国际化的高等教育吸引了大量的国际学生。这些学生不仅为高校带来了多元文化和知识资源，还为当地经济注入了可观的消费力。国际学生在校期间需要支付学费、住宿费以及日常生活开销，这些资金直接促进了当地商业的繁荣。他们的消费也拉动了相关产业的发展，例如旅游、餐饮、零售等服务行业。因此，高校国际化发展对于推动当地经济的增长起到了积极的作用。

国际化的高等教育也为科技成果的转化和产业升级提供了契机。通过吸引国际优秀学者来校进行学术研究和合作项目，高校能够获得更多的创新成果和技术突破。这些成果可以通过技术转让、合作开发等方式与当地产业进行结合，推动科技成果的商业化和产业化。这不仅有助于提升当地产业的竞争力，还能促进产业升级和转型，推动整个社会经济的发展。

国际化的高等教育也有助于促进人才的培养和流动。吸引国际优秀学生来校学习，不仅可以为本地学生提供与国际学生交流学习的机会，拓宽他们的视野和思维方式，还能够促进人才的相互交流和流动。这种人才的跨国流动可以促进知识和技能的传播，激发创新和创业的活力，为社会经济发展注入源源不断的活力和动力。

（四）增进国际友谊与合作

当一个高校积极与国外高校开展合作交流时，不仅可以促进不同国家之间的了解和友好关系，还能够为世界和平与稳定做出贡献。

通过吸引来自不同国家的学生来校学习，高校创造了一个多元化的学习环境，学生们可以互相交流、了解彼此的文化和价值观。这种跨文化的交流有助于消除误解和偏见，增进国际友谊和理解。学生们可以从彼此的经验和观点中学习，培养全球视野和包容性思维，为构建和谐的国际社会打下基础。

国际化的高等教育还为国家间的合作提供了平台。通过与国外高校建立合作伙伴关系，高校可以开展联合项目、人才培养计划以及科研合作等活动。这种合作不仅有助于加强不同国家之间的经济合作和技术交流，还能够促进人员流动和资源共享，推动全球化进程的深入发展。国际合作的成功案例可以激励更多国家参与合作，形成合力解决全球性问题，实现共同发展和繁荣。

第二节　国际化人才培养模式与管理策略

随着全球经济的不断发展和国际交流的日益密切，国际化人才的需求越来越迫切。国际化人才是指具备跨文化沟通能力、全球视野和国际背景的专业人才。为了培养出具有国际竞争力的人才，各国纷纷探索并实施了一系列的国际化人才培养模式和管理策略。

一、教育体系改革

（一）外语教育的加强

外语教育是培养国际化人才的基础和前提，因此加强外语教育是教育体系改革的重要一环。

学校可以增加外语课程的设置，提高学生的语言水平和跨文化沟通能力。除了英语，还可以引入其他常用的国际语言，如法语、西班牙语、德语等，以满足不同学生的需求。通过多样化的外语课程设置，学生可以选择符合自己兴趣和发展方向的外语学习内容，从而更好地培养他们的语言技能。

学校可以鼓励学生参与语言交流活动，如外语角、语伴项目等，提供实践机会，增强学生的口语表达和听力理解能力。这些活动可以为学生创造一个真实的语言环境，使他们能够在与母语为非目标语的人士交流中积累经验，并且锻炼自己的语言运用能力。

学校还可以引进优秀的外籍教师，提供纯正的语音模范和文化背景。外籍教师可以为学生提供更为贴近实际应用的语言教学，激发学生学习外语的兴趣，并且通过介绍自己的文化背景，使学生更好地了解和欣赏不同国家和地区的多样性。

在加强外语教育的同时，还应注重提高教师的专业素质。学校可以组织教师参加培训课程，更新教育理念和教学方法，提升他们的外语教学水平。学校还可以鼓励教师参与国际学术交流和合作项目，拓宽他们的视野，增长他们的教学经验。

（二）国际课程与专业的开设

开设国际课程与专业是教育体系改革的重要举措之一，可以为学生提供更广阔的知识视野和培养目标。

学校可以引入国际先进教育理念和课程内容，融合国内外的教育资源，使学生接触到最新的学科发展动态和前沿知识。通过引进国际化的教材、案例和教学方法，学生可以深入了解全球领域的学术研究成果和实践经验。这不仅能够拓宽学生的知识面，还能培养他们的创新思维和解决问题能力。

学校可以组织国际课程项目，如国际工程管理、国际商务运营等，培养学生的国际视野和跨文化管理能力。通过开设这些专业课程，学生可以学习到全球化背景下的经济、政治和文化知识，了解国际贸易、国际市场、国际合作等方面的相关知识。

学校还可以与国外高校合作，开展双学位或联合培养项目，为学生提供更多的学习和交流机会。通过与国外高校的合作，学生可以在不同文化背景下学习和生活，拓宽自己的国际视野和人际交往能力。这种跨国合作还可以促进教师间的学术交流和合作研究，提升学校的国际影响力和竞争力。

（三）管理策略

在教育体系改革的过程中，合理的管理策略是确保国际化人才培养工作顺利进行的重要保证。

建立健全的组织机构和管理体系，明确各部门的职责和工作流程，确保国际化人才培养工作的顺利进行；加强与企业和行业的合作，了解市场需求和行业趋势，调整培养目标和内容，提高培养的实用性和就业竞争力；建立良好的师资队伍，引进海外优秀教师和专家，提升教学水平和科研能力，为学生提供更优质的教育资源和指导等。

二、人才选拔与培养

人才选拔与培养是实现国际化人才培养的重要环节。在国际化背景下，为了适应不断变化的社会需求和全球化竞争，高校需要采用一种灵活多样的人才选拔与培养模式，并制定相应的管理策略。

（一）人才选拔

1.多元化选拔标准

在国际化人才培养中，除了传统的学术成绩和考试成绩，还应考虑学生的综合素质、跨文化能力、创新思维和领导才能等因素。为了实现多元化选拔标准，可以引入作品展示、项目经历等方式进行综合评估。

作品展示是一种评估学生综合素质的有效方式。学生可以展示自己在学科研究、社会实践、艺术创作等方面的成果和经验。通过作品展示，可以评估学生的创造力、批判性思维、解决问题的能力以及对特定领域的热情和专业知识。

项目经历也是一种重要的评估方式。学生参与各类项目，如科研项目、社会实践项目、创业项目等，通过实践活动，培养学生的团队合作能力、领导才能、跨文化沟通能力等。通过对项目经历的评估，可以了解学生在真实场景中的表现和能力发展。

学校还可以采用面试的形式来评估学生的综合素质。面试可以考查学生的口头表达能力、人际交往能力、逻辑思维和解决问题能力。通过与学生的面对面交流，可以更全面地了解他们的潜力和适应能力。

在多元化选拔标准的基础上，学校还可以建立评估指标和评分体系，确保选拔过程的公正性和科学性。评估指标可以包括学术成绩、综合素质、项目经历、作品展示等多个方面，并为每个指标设定相应的权重。评分体系应该具有明确的评价标准和流程，由专业教师和行业专家进行评估，以确保选拔结果的准确性和可靠性。

2.国际化招生渠道

为了实现国际化人才培养，学校可以采用多种方式开展国际化招生工作，以吸引具有国际视野和背景的优秀学生。

与国外教育机构合作可以是一个重要的国际化招生渠道。学校可以与海外高中、大学、留学中介机构等建立合作关系，共同开展联合招生项目。通过与这些机构合作，学校可以获得更多的优质国际生源，并吸引那些已经接受国际教育或有国际化背景的学生。合作项目可以包括联合办学、学分互认、双学位项目等，为学生提供更多选择和发展机会。

加强对海外留学生的招生工作也是至关重要的。学校可以通过参加国际教育展览、举办线上宣讲会、派出招生代表团等方式来扩大影响力，吸引更多优秀的海外留学生申请入读该校。学校还应提供适应海外留学生的学习和生活环境，如提供国际学生宿舍、国际学生导师制度、跨文化交流活动等，为海外留学生提供良好的学习和生活体验。

在开展国际化招生工作时，学校需要加强国际宣传和品牌建设。通过建立专门的国际招生办公室或团队，制定针对国际学生的招生计划和推广策略，积极宣传学校的国际化特色和优势。同时，与校友、企业和政府等合作伙伴保持紧密联系，共同为国际学生提供奖学金、实习机会、就业支持等福利和机遇。

（二）人才培养

1.设计国际化课程

为了实现国际化人才培养，学校应该设计国际化课程，结合国际学术研究和行业发展趋势，开设与国际接轨的专业课程。

学校可以引入最新的国际学术研究成果和前沿知识，更新教材和教学内容。通过引入国际化的教材，学生可以了解到最新的学科发展动态、理论观点和实践经验。学校还可以邀请具有国际声誉和专业背景的教授来授课或进行讲座，为学生提供深度和广度上的学习机会。

重视培养学生的创新思维和解决问题能力。学校可以开设创新创业课程、实践项目等，鼓励学生从实际问题出发，运用所学知识和技能，提出创新性的解决方案。学校还可以组织创新竞赛、创业孵化器等活动，为学生提供实践机会和创新平台。

在设计国际化课程时，学校应该注重与行业发展趋势的结合。通过与行业企业合作，了解其需求和要求，调整和优化课程设置和内容。学校可以邀请业界专家来讲授相关课程或进行案例分析，使学生能够了解和适应行业的最新发展和挑战。

2.培养全球视野

为了培养学生的全球视野，应积极开设国际研修班、夏令营和国际交流项目，鼓励学生参与海外学习和实践活动。通过与国外高校、企业和机构的合作，可以帮助学生深入了解不同国家和地区的文化、经济和社会发展。

提供国际研修班，为学生提供与国外专家进行面对面交流的机会。这些专家来自各个领域，包括科技、商业、艺术等，他们分享自己的知识和经验，帮助学生拓宽视野，增加跨文化交流的能力。

组织夏令营项目，让学生在暑假到国外参加丰富多样的活动。这些活动包括语言学习、文化体验、志愿者工作等，让学生亲身感受不同国家的生活方式和社会环境，培养他们的跨文化沟通能力和适应能力。

3.导师制度与个性化发展

为促进学生的个性化发展，要致力于建立健全的导师制度，为他们提供个性化的指导和支持。

精心挑选导师，确保他们具备丰富的国际经验和跨文化交流的能力。导师们将与学生建立紧密的关系，充分了解学生的兴趣、优势和目标，以便能够提供个性化的指导和支持。

导师将帮助学生规划职业发展道路。他们将与学生讨论学习和实践的方向，帮助学生了解不同职业领域的需求和机会，并提供相关的资源和联系。导师还将引导学生参与实习、项目和社会服务等活动，以提升他们的实践能力和职业素养。

导师还将帮助学生规划国际交流计划。他们将与学生一起探讨留学或交换生的机会，帮助学生选择合适的目标学校和项目。导师将提供申请指导，帮助学生准备材料和面试，并为他们提供必要的经济和行程支持。

除了职业发展和国际交流，导师还将在专业领域提供指导和资源。他们将与学生共同研究和探讨学术问题，鼓励学生参与科研项目和学术会议。导师还将向学生介绍相关的学术资源和机构合作，以拓宽学生的学术视野和知识广度。

（三）管理策略

1.跨部门协作与资源整合

鼓励教师和研究人员跨学科合作，共同开展教学和研究项目。通过跨学科的合作，可以打破学科之间的壁垒，促进知识的融合和创新。我们建立了跨学科的团队，由来自不同学科背景的专家组成，他们将共同探索复杂问题，并为学生提供全方位的教学和指导。

还可以与合作伙伴共享资源，为人才培养提供更多的支持。将校内的专业设施和实验室开放给合作伙伴使用，同时也可以获得他们的技术和设备支持。这样的资源整合可以提高教学和研究的水平，为学生提供更好的学习环境和机会。

2.评估与反馈机制

这一机制旨在定期评估人才培养方案和教学质量，并通过学生和企业的反馈及时调整和改进，以提高培养效果和学生满意度。

制定全面的评估指标和评估流程，确保评估工作的科学性和客观性。采用多种评估方法，包括问卷调查、实地考察、学术成果评估等，以获得全面准确的信息。同时，也可以邀请外部专家参与评估工作，提供独立的意见和建议。

还与企业建立紧密联系，获取他们对毕业生就业能力和素质的反馈。可以邀请企业代表参与评估工作，从雇主的角度评估培养方案的有效性和毕业生的综合素质。企业反馈将帮助我们更好地了解市场需求，调整和优化人才培养方案，以提高就业竞争力。

基于评估和反馈结果，我们将及时调整和改进培养方案，以确保其与时俱进、符合需求。我们将完善课程设置和实践环节，以满足学生的学习需求和未来发展的要求。

第三节 高校国际化办学经验与启示

随着全球化的快速发展，高等教育领域也面临着日益激烈的竞争。高校国际化办学成为提升学校竞争力和声誉的重要手段之一。

一、制定明确的国际化战略

高校国际化办学是提升学校竞争力和声誉的重要手段之一。而制定明确的国际化战略是实现这一目标的关键。

（一）定义明确的国际化目标

在制定国际化战略时，高校需要明确自己的国际化目标。这是为了更好地规划和执行国际化战略，努力朝着具体目标方向进行。

1.增加留学生数量

高校可以采取一系列措施来增加留学生数量。高校可以设定增加留学生招生数量的目标，明确自己的愿景和努力方向。高校可以通过提供多样化的课程吸引更多国际学生。这包括开设具有国际化视野和全球背景的专业课程，以及提供跨文化交流和合作的机会。

高校还应该优化教学和学习环境，提供优质的教育资源和设施。例如，建立现代化的实验室、图书馆和学习中心，为留学生创造一个良好的学习环境。同时，高校可以加强师资队伍建设，聘请国际知名教授和学者，提供高水平的教学和指导。

除了课程和教学环境，高校还可以加大对留学生的奖学金和资助力度，提供经济支持，吸引更多优秀的国际学生申请入学。

高校可以加强留学生服务和支持体系，为留学生提供全方位的帮助和支持。这包括提供语言培训、文化适应指导、住宿安排和社交活动等服务，帮助留学生顺利适应新的学习和生活环境。

2.提升学术交流合作水平

高校可以设定明确的目标和计划，将提升学术交流合作水平作为重要发展方向。这需要高校制定具体的策略和行动计划，包括加强国际交流部门的建设和人员培养，以及建立专门的学术交流合作机构或中心。

高校可以积极组织和参与学术研讨会、国际联合项目和合作科研等活动。这些活动可以为师生提供与国际同行交流和合作的机会，促进学术互动与知识分享。高校可以邀请国际知名学者来校进行讲座、访问或合作研究，搭建起学术交流的桥梁。

高校还可以与国外高校签署合作协议，开展合作办学项目或双学位项目，促进学术合作和人才培养。通过与国外高校共同开设课程或项目，可以为学生提供更多跨文化学习和全球视野的机会，培养具有国际竞争力的人才。

高校可以加强学术交流合作的平台建设和资源支持。这包括建立国际学术交流网站或平台，提供信息发布、合作机会推介和资源共享等功能，方便师生之间的互动与合作。

3.扩大国际知名度

高校可以设定明确的目标和策略，将提升国际知名度作为重要发展方向。这需要高校制订具体的计划和行动方案，包括加强国际宣传部门的建设和人员培养，以及建立专门的国际事务办公室或中心。

高校可以积极参与国际性学术会议、论坛和展览等活动。这些活动是学术交流和知识分享的平台，高校可以派出优秀的教师和研究人员参与，并发表高水平的学术论文和演讲。通过在国际舞台上展示高校的研究成果和学术实力，可以提升学校在国际学术界的声誉和影响力。

同时，高校可以注重学术论文的发表和知识产权的转化。鼓励教师和研究人员积极投稿国际著名学术期刊，提升学校在学术界的声誉和影响力。高校可以加强与企业和社会机构的合作，推动科研成果的转化应用，提升学校在产学研合作领域的知名度。

4.提升留学生满意度和毕业生就业率

高校可以建立完善的学习和生活支持服务体系，为留学生提供全方位的帮助和支持。这包括提供语言培训、文化适应指导、住宿安排和社交活动等服务，帮助留学生顺利适应新的学习和生活环境。

高校可以加强就业指导和职业发展支持。建立专门的就业指导中心或部门，提供职业规划、简历撰写、面试技巧等培训和咨询服务。高校可以与企业和行业建立合作关系，开展实习和就业推荐活动，为毕业生提供更多的就业机会和职业发展渠道。

高校可以加强与行业协会和职业机构的合作，了解行业动态和需求，调整专业设置和课程内容，提高毕业生的就业适应性。高校还可以举办招聘会、职业讲座和企业交流活动，为留学生和毕业生提供更多与用人单位接触和交流的机会。

明确国际化目标有助于高校在制定国际化战略时更具针对性和可操作性。根据具体情况，高校可以结合自身特点和资源优势，确定适合自己的国际化目标，并制定相应的策略和措施来实现这些目标。

（二）深入了解国际化趋势和需求

在制定国际化战略时，高校需要深入了解当前的国际化趋势和需求。这是为了更准确地把握机遇和挑战，制定出切实可行的战略。

1.研究国际教育政策

高校可以积极研究各国的教育政策，以了解不同国家对于国际学生招收、教育合作等方面的政策导向。这样的研究有助于高校把握国际教育政策的变化趋势，为制定相应的国际化策略做出准备。

高校可以关注目标国家或地区的教育政策，包括招生政策、签证政策、留学生奖学金政策等。了解这些政策对国际学生的影响，可以帮助高校更好地制定招生计划和奖学金政策，以吸引更多优秀的国际学生申请入学。

高校还应该研究国际教育合作政策，包括与其他高校、机构的合作项目、交流计划等。了解这些政策的变化和要求，可以帮助高校寻找合适的合作伙伴，开展更加丰富多样的国际合作项目，促进学术交流和知识共享。

高校可以通过多种途径进行国际教育政策的研究，包括参与相关国际教育组织和机构的会议、研讨会，阅读相关的研究报告和政策文件，与其他高校和教育机构进行交流合作等。高校还可以借助国际合作项目和交流活动的机会，了解和学习其他国家的教育经验和最佳实践。

2.分析国际市场动态

高校可以积极分析国际市场的动态，以了解不同地区和国家的国际教育市场情况、竞争格局和潜在机遇。通过关注国际教育报告、统计数据、行业研究等途径，高校能够更好地把握国际市场的发展趋势和变化。

高校可以关注各国的留学生招收情况和趋势。了解不同地区和国家对留学生的需求量、专业偏好和招生政策，可以帮助高校调整招生计划和目标市场，更精准地吸引目标学生群体。

高校还应该关注国际教育市场的竞争格局和竞争对手的情况。了解其他高校的国际化战略、合作项目和营销策略，可以帮助高校评估自身的竞争优势和劣势，制定相应的市场推广和品牌建设策略。

高校还可以分析国际市场中的潜在机遇。这包括关注新兴市场、新兴专业领域、国际合作项目等方面的发展趋势。通过寻找市场空白和需求缺口，高校可以开拓新的国际教育市场，提供符合需求的课程和项目。

高校可以通过多种途径进行国际市场动态的分析，包括参与国际教育博览会、行业研讨会和交流活动，阅读相关的市场报告和研究文献，与国内外高校和教育机构进行交流合作等。高校还可以建立专门的市场调研团队或部门，负责收集和分析国际市场的信息数据，为高校的国际化战略决策提供支持和指导。

3.建立国际化合作网络

高校可以积极与国外高校、教育机构和企业建立合作关系，共同开展项目合作、联合培养和科研合作等活动。通过建立国际化合作网络，高校能够更好地了解国际化趋势和需求，以及相应的合作机会。

高校可以与国外教育机构合作开展联合培养项目。通过与国外教育机构的合作，高校可以为学生提供更广泛的学习资源和优质的教育环境。这种联合培养项目可以使学生在两个国家的教育体系中获得全面发展，提高他们的国际竞争力。

建立国际化合作网络可以通过多种途径实现。高校可以积极参与国际教育组织和平台，寻找合作机会和伙伴。高校可以派出代表团队参加国际教育交流会议、展览和研讨会，拓展国际合作的渠道。同时，高校还可以借助国际项目和交流活动的机会，与国外高校和机构进行深入的合作洽谈。

深入了解国际化趋势和需求有助于高校制定出符合时代发展和市场需求的国际化战略。通过研究国际教育政策、调研国际学生和教师的需求、分析国际市场动态等方式，高校可以更准确地把握国际化的机遇和挑战，制定出切实可行的战略。

（三）确定适合本校特点的国际化路径

在制定国际化战略时，高校需要考虑到本校的独特特点和资源优势，并确定适合自身特点的国际化路径。

1.发挥学科优势

高校可以基于自身的学科优势，选择与之相关的国际化路径。例如，如果某高校在工程技术领域具有突出的优势，可以发展与国外高水平工程院校的合作项目、联合研究中心等，加强该领域的国际交流与合作。

2.整合教师团队资源

高校可以利用教师团队的国际背景和专业经验，开展国际化合作项目。例如，邀请外籍教师来校任教或合作研究，组织教师参加国际学术会议和研讨会，提升教师的国际交流与合作能力。

3.鼓励创新与创业

高校可以鼓励学生参与国际创新竞赛、科技交流活动，提供创新创业的支持和机会。通过促进国际创新创业合作，培养具有国际竞争力的创新型人才。

在确定适合本校特点的国际化路径时，高校需要综合考虑学校的资源、师生的需求以及市场的机遇。同时，要与内外部合作伙伴进行深入对话和协商，共同确定可行的国际化合作方向。通过确定适合本校特点的国际化路径，高校可以更好地发挥自身优势，推动国际化办学的实施。

（四）制定详细的实施计划和时间表

在制定国际化战略时，高校需要制定详细的实施计划和时间表。

1.目标分解

将国际化目标分解为具体的任务和步骤。例如，如果目标是增加留学生数量，具体任务可以包括改进招生宣传策略、开设针对留学生的课程、提升留学生支持服务等。

2.时间节点设定

为每个任务设定明确的时间节点。根据任务的复杂性和紧急程度，合理安排时间，并确保时间节点的可行性。例如，将招生宣传策略改进完成时间设定为某一年度的特定月份。

3.资源调配

确定实施国际化战略所需的资源，包括人力、财力、物力等方面。考虑到资源的限制和优先级，合理调配资源，确保实施计划的可行性。

4.可操作性和可评估性

确保实施计划具有可操作性和可评估性。即使是长期的国际化目标，也要将其分解为可操作的任务，并设定可以度量和评估的指标，以便及时调整和优化战略。

5.沟通与合作

在制定实施计划和时间表时，要与相关部门和人员进行充分沟通和合作。确保各方理解和支持国际化战略，形成协同工作的氛围。

通过制定详细的实施计划和时间表，高校可以更好地组织和管理国际化事务。这有助于确保国际化战略的顺利执行，推动高校向着国际化目标迈进。同时，要灵活调整和优化实施计划，以适应外部环境和内部需求的变化。

（五）加强监测和评估

在高校实施国际化战略后，加强对国际化进程的监测和评估是至关重要的。

1.收集和分析国际化指标数据

高校可以定期收集和分析与国际化相关的数据，如留学生数量、国际合作项目数量、国际学术交流活动次数等。这有助于了解国际化进展情况，并为制定决策提供依据。

2.进行自我评估和对比分析

高校可以进行自我评估，对国际化战略的实施效果进行评估。还可以与其他高校进行对比分析，了解自身在国际化水平上的优势和不足之处。

3.设立评估机制

高校可以设立专门的评估机制，建立评估团队或委员会，负责对国际化工作进行定期评估和审核。评估结果可以用于改进国际化战略，优化工作方案。

4.建立反馈机制

为师生提供反馈渠道，收集他们对国际化工作的意见和建议。这有助于了解师生需求和期望，做出相应的改进措施。

通过加强监测和评估，高校可以更好地了解自身在国际化方面的优势和不足，并及时调整和改进国际化战略。监测和评估还能促进高校与内外部合作伙伴的持续对话和交流，形成共识，推动国际化办学水平的提升。

二、打造国际化的学术环境

在高校实施国际化办学的过程中，打造国际化的学术环境是很重要的。一个国际化的学术环境可以促进学术交流、培养跨文化意识和拓展国际合作机会。

（一）提供国际化的学术资源

1.订阅国际学术期刊和数据库

高校可以订阅多样化的国际学术期刊和数据库，以便师生能够获得最新的学术研究成果和前沿知识。这些期刊和数据库应涵盖各个学科领域，为师生提供广泛的学术资料和文献引用。

2.引进国际知名学者的研究成果和教材

高校可以积极引进国际知名学者的研究成果和教材，为师生提供全球范围内的学术视野和最新的学术思想。这可以通过购买图书、订阅电子书籍和在线学习资源等方式实现。

3.开展国际化的学术出版与传媒工作

高校可以鼓励师生积极参与国际学术期刊的编辑和审稿工作，提升学术影响力和国际交流合作的机会。还可以开展学术出版和传媒工作，发布高质量的学术期刊、研究报告和学术视频等资源。

4.提供学术指导和支持服务

高校可以设立学术指导中心或学术写作支持中心，为师生提供学术写作指导、文献检索和引用管理等方面的支持服务。这有助于提升师生的学术能力和研究素养。

通过提供丰富的国际化学术资源，高校可以激发师生的学术兴趣和创新能力，并丰富学术氛围。这有助于提高学术水平和国际竞争力，推动高校向国际化的学术环境迈进。同时，要注重资源的多样性和可持续性，确保学术资源的质量和有效使用。

（二）提供国际化的研究支持

1.提供科研设施和实验室支持

高校应提供先进的科研设施和实验室，以满足师生进行国际化研究的需要。这包括实验室设备、数据分析工具、计算资源等。通过提供良好的科研设施和实验室支持，可以为师生提供一个优质的研究环境，促进高水平的国际化研究成果产出。

2.开展国际合作研究项目

高校可以与国外高校、研究机构等建立合作关系，开展国际合作研究项目。通过联合研究、数据共享、人员交流等方式，实现知识共享和合作创新。这有助于提升研究水平和国际影响力，拓展学校的国际研究网络。

（三）推动学术成果的国际化转化

在打造国际化的学术环境中，高校应积极推动学术成果的国际化转化。

1.专利申请和知识产权保护

高校应鼓励教师和研究人员对有创新性和商业价值的学术成果进行专利申请，并确保知识产权的保护。通过专利申请和知识产权保护，可以有效地保护学术成果的独立性和竞争优势。

2.技术转移和商业化合作

高校可以积极寻找与企业、产业界等合作伙伴进行技术转移和商业化合作。通过将学术成果与实际应用相结合，可以促进科技成果的产业化和市场化，推动经济社会的发展。

3.创新创业支持和孵化器建设

高校可以提供创新创业支持，如创业培训、创业基金、创业导师等。同时，可以建设创业孵化器和科技园区，为师生提供创新创业的空间和资源支持。通过创新创业支持和孵化器建设，可以帮助学术成果转化为具有商业价值的创新企业。

4.学术成果展示与推广

高校应积极组织学术成果展览、科技交流会等活动，向社会公众和产业界展示学术成果的创新性和实用性。通过宣传和推广学术成果，可以增加学术成果的知名度和影响力，吸引更多合作伙伴参与国际化转化。

通过积极推动学术成果的国际化转化，高校可以将学术研究的成果与实际应用相结合，促进经济社会的发展，提升学校的国际影响力和知名度。这需要高校与企业、产业界等建立紧密的合作关系，搭建创新创业的平台和渠道，同时注重知识产权的保护和合作伙伴的选择。

三、加强品牌建设和宣传推广

在高校实施国际化办学的过程中，一个强大的品牌形象可以提升高校的知名度、吸引力和声誉，进而吸引更多的优秀师生和国际合作伙伴。

（一）定位和塑造高校品牌形象

高校在面对日益激烈的竞争环境中，需要明确自己的定位和特色，并积极塑造独特的品牌形象。这样做可以帮助高校区别于其他竞争对手，吸引优质的学生、教职员工和资源，并提升高校的声誉和影响力。

1.深入挖掘高校的优势和特点

深入挖掘高校的优势和特点有助于高校在竞争激烈的教育市场中脱颖而出，并为自身的发展提供战略方向。

高校应该认真分析自身的办学理念。每所高校都有其独特的办学理念和教育理念，这些理念是高校办学的基础和核心。通过深入了解和准确表述自己的办学理念，高校可以明确自己的教育目标和定位，从而为学生提供更符合其需求的教育服务。

高校需要清楚地了解自身的学术特长。每所高校都在某一学科或多个学科领域具备较强的实力和声誉。通过深入挖掘自身的学术特长，高校可以进一步加强在该领域的研究和教学，提升学术水平，吸引更多的优秀学生和教师。

高校应该重视自身的社会影响力。高校作为社会的一部分，应该承担起社会责任，通过积极参与社会事务和解决社会问题来增加自身的社会影响力。通过深入了解自身在社会发展中的角色和作用，高校可以更好地服务社会，同时也能够提升自身的声誉和形象。

2.突出高校的特色和优势

高校应该注重展示其在特定领域或专业上的强项。通过将这些强项作为品牌形象的一部分，高校可以在相关领域中树立起专业权威和领导地位，并吸引更多的优秀学生和教师。

高校可以通过宣传和推广来增加外界对其的认知和了解。高校应该积极参与各种教育展览、学术交流和社会活动，向外界展示自身的特色和优势。

高校应该注重培养具有特色和优势的人才。高校应该根据自身的特色和优势，制订并实施符合市场需求的教育方案，培养具备专业知识和实践能力的毕业生。这样不仅可以满足社会对高素质人才的需求，也可以进一步突出高校的品牌特色和优势。

（二）提升学校的知名度和可见性

为了加强高校的品牌建设和宣传推广，提升学校的知名度和可见性是至关重要的。

1.扩大媒体曝光和报道

高校应该充分利用各种媒体渠道，包括传统媒体和数字媒体，来扩大对外宣传的覆盖面和影响力。通过在电视、报纸、杂志等传统媒体上发布新闻稿，组织媒体采访，撰写专家文章等方式，可以提高高校在媒体上的曝光度。利用社交媒体、网站、微信公众号等数字媒体平台，高校可以更广泛地传递自己的优势和特色。

在传统媒体方面，高校可以积极与电视台、报社、杂志社建立合作关系，争取更多的报道机会。例如，高校可以定期发布新闻稿，介绍学校的最新发展、重要成果和突出贡献，以引起媒体的关注和报道。高校还可以邀请媒体记者参观校园，了解学校的教学环境、科研设施等，并进行深入的采访，进一步提升高校的曝光度。

在数字媒体方面，高校可以通过建立官方网站、微信公众号等渠道，将学校的优势和特色传递给更广大的受众群体。高校可以定期发布校园新闻、教育动态、学术讲座等内容，与受众进行互动交流。高校还可以通过社交媒体平台，发布有趣、有价值的内容，吸引更多关注和分享，扩大高校的影响力。

2.加强校园文化建设

为加强校园文化建设，高校可以通过举办各类文化活动和社团组织，营造积极向上、充满活力的校园氛围。

开展艺术节是一个有效的方式，学校可以组织音乐会、舞蹈表演、戏剧演出等多样化的艺术活动，让师生们欣赏和参与其中。可以邀请知名艺术家或文化名人来校园进行演出或讲座，增加校园文化的内涵和影响力。

运动会也是校园文化建设的重要一环。学校可以定期举办运动会，包括各项体育竞技项目，如田径、篮球、足球等。这不仅可以促进学生的身体健康和团队合作精神，还可以增强学校的凝聚力和集体荣誉感。同时，将运动会的精彩瞬间通过媒体渠道进行宣传报道，可以扩大学校的知名度和形象。

学校还可以鼓励和支持学生社团的发展，提供场地和资源，让学生自主组织各类社团活动。社团可以涵盖艺术、体育、科技、公益等多个领域，为学生提供丰富的兴趣爱好和交流平台。通过举办社团展示、比赛和演出等活动，可以展示学生们的才艺和创造力，同时也促进了校园文化的多样性和活跃度。

高校可以利用媒体渠道进行宣传报道，将校园文化建设的成果传递给更多人群。通过在各种媒体上发布新闻稿、组织采访报道等方式，可以扩大学校的知名度。同时，学校还可以积极利用数字媒体平台，发布校园文化活动的精彩瞬间，吸引更多关注和参与。

（三）创新宣传方式和内容

为了吸引目标受众的注意力和提升高校的品牌形象，高校应不断创新宣传方式和内容。

1.运用短视频

短视频已经成为一种流行的宣传方式，能够生动地展示高校的特色和魅力。为了更好地利用短视频进行宣传，高校可以制作精美的校园宣传片、教学示范视频或学生故事等内容，并通过短视频平台如抖音、快手等分享给更多人。

制作校园宣传片是一个展示高校的整体形象和特色的有效方式。宣传片可以突出高校的优势学科、先进设施以及丰富的校园生活。通过精心策划和剪辑，制作出具有吸引力和感染力的视频内容，以吸引观众的兴趣，并激发他们对高校的好奇心和愿望。

教学示范视频也是利用短视频进行宣传的重要手段之一。高校可以选择一些优秀的教师或课程，拍摄他们在教学过程中的精彩瞬间，并加上文字说明或解说，向观众展示高质量的教学水平和学术氛围。这不仅能够提高高校的知名度，还能吸引更多学子报考该校。

通过制作学生故事的短视频，可以展现高校学生的成长和优秀表现。例如，可以选择一些学生在学术、艺术、体育等方面取得的突出成就，用影像记录并讲述他们的故事。这样的视频不仅能够激励其他学生，也能够向外界展示高校培养人才的实力和成果。

在分享短视频的过程中，高校可以选择在流行的短视频平台上发布，如抖音、快手等。这些平台拥有庞大的用户群体，能够将高校的宣传内容迅速地传播给更多人。

2.注重内容的质量和创意

在进行宣传时，高校应注重宣传内容的质量和创意，以吸引目标受众的兴趣和关注。为此，高校可以根据自身特点和目标受众的需求，提供有价值、有趣味且引人入胜的内容。

高校可以通过介绍学术研究成果来展示自身的学术实力和创新能力。可以选择一些重要的研究成果或科研项目，通过文字、图片、图表等形式进行详细介绍。同时结合相关的解读和讲解，使内容更加易懂和生动。这样的内容不仅可以吸引学术界和同行的关注，还能够提升高校在学术领域的声誉和影响力。

高校可以开设教师讲座的实况直播或录制视频，将优秀教师的授课过程和教学理念分享给更多人。通过展示教师的教学方法和教育思想，可以让观众了解到高校的教学水平和教育理念。这种形式的内容不仅具有教育性和启发性，也能够增强高校的品牌形象和影响力。

在创作内容时，高校可以充分发挥创意，尝试多样化的形式和风格。可以运用幽默、情感、故事性等元素，使内容更加吸引人。同时，也可以利用音乐、配乐、动画等手法，提升内容的艺术性和表现力。通过不断的创新和探索，使高校的宣传内容更具吸引力和竞争力。

3.个性化定制宣传活动

高校可以针对特定的目标受众，定制个性化的宣传活动，以更好地宣传高校的特色和优势，并吸引目标受众的关注和参与。

针对企业界，高校可以举办专题讲座或论坛，邀请学校优秀教师或相关领域的专家学者进行演讲。这些演讲可以涵盖行业前沿的研究成果、技术创新和发展趋势等内容，为企业提供有价值的信息和思路。通过这样的宣传活动，高校能够展示自身在相关领域的实力和专业知识，增强与企业的合作和交流机会。

高校还可以针对社会各界举办一系列个性化的宣传活动。例如，可以组织公益活动，如环境保护、扶贫帮困等，向社会传递高校的社会责任感和关爱精神。还可以开展科普讲座或展览，向社会大众普及科学知识，提高科学素养。这样的活动既能够增加高校与社会的互动和联系，也能够树立良好的社会形象。

在定制化宣传活动中，高校需要充分了解目标受众的需求和关注点，根据其特点和偏好进行精准的策划和推广。可以通过市场调研、问卷调查等方式收集反馈和建议，不断改进和优化宣传活动的效果。

第八章　创新思维在高校教育管理中的运用

第一节　创新思维的概念与特点

创新思维是指一种能够独立和富有创造性地解决问题的思维方式和能力。它强调从传统模式中脱颖而出，提出新观点、新方法和新方案，以促进个人、组织和社会的发展。创新思维的特点在于开放性、多样性、前瞻性和实践性。

一、开放性

创新思维的开放性是指人们在思考问题和解决难题时，能够拥抱多样性、接纳不同观点和思维方式的态度和能力。开放性的思维方式有助于打破传统思维的束缚，促进创新和创造力的发挥。

（一）接纳多样性

在一个开放的思维环境中，我们尊重并欢迎来自不同背景的人们的想法和观点。我们认识到每个人都有他独特的生活经历和知识积累，这些都可以为集体带来新的视角和见解。当我们接纳多样性时，我们能够避免陷入狭隘的思维模式，从而使我们的思考更加全面和深入。

接纳多样性还可以带来更好的团队合作和创新。当我们与来自不同文化和背景的人们合作时，我们能够借鉴他们的独特经验和智慧，从而提高我们的解决问题和创新能力。多样性也可以激发创造力，因为不同的观点和思维方式会相互碰撞，产生新的想法和创意。

接纳多样性也是一个包容和公正的态度。每个人都应该有平等的机会和权利，无论他们来自哪个文化或背景。通过接纳多样性，我们可以消除偏见和歧视，创造一个更加公正和包容的社会环境。

然而，要真正接纳多样性并不是一件容易的事情。我们需要努力克服自身的偏见和固定思维模式，并学会尊重和理解不同观点之间的差异。同时，组织和社会也需要提供支持和机会，促进多样性的发展和实践。

（二）摒弃旧观念

在过去的经验中，我们可能习惯于按照既定的模式思考和行动。这种固化的思维方式可能会使我们陷入狭隘的观点和局限的思考框架中。随着社会的不断发展和变化，我们需要适应新的挑战和需求。这就需要我们摒弃旧观念，敢于打破传统的思维模式，寻找创新的解决方案。

摒弃旧观念也是为了避免陷入舒适区。当我们沉溺于过去的成功或习惯时，很容易满足于现状，不愿意尝试新的思路和方法。只有不断推翻旧观念，勇于冒险尝试，我们才能在不断变化的环境中保持竞争力和创新力。

摒弃旧观念也是为了应对复杂的问题和挑战。现代社会充满了日新月异的科技进步、全球化的交流和复杂的社会问题。在这样的环境下，过去的观念可能无法适应新的情况。我们需要以全新的思维方式来理解和解决问题，开拓新的思路和方法。

摒弃旧观念并不意味着否定一切过去的经验和知识。相反，它是建立在对过去的尊重和借鉴基础上的。我们可以从过去的经验中学习，汲取其中有价值的部分，并结合新的信息和知识，形成全新的思考模式。

（三）尊重多元观点

在一个尊重多元观点的环境中，我们理解并欣赏每个人的独特性。我们意识到每个人都有自己的背景、经验和价值观，这些因素塑造了他们对事物的看法和思考方式。当我们尊重多元观点时，我们能够以更加开放的心态来听取他人的意见，从而获得不同的思路和观点。

尊重多元观点有助于培养创造力和创新能力。当我们将不同的观点融入讨论和决策过程时，我们能够从中汲取灵感和新的思维方式。这种碰撞和交流可以激发创造力，促使我们思考问题的方式更加全面和深入。通过尊重多元观点，我们能够打破思维的局限，从而寻找到更具创新性的解决方案。

尊重多元观点也有助于建立包容和协作的团队环境。当我们尊重他人的观点并愿意倾听他们的想法时，我们能够增强团队成员之间的互信和合作精神。

每个人都感受到被重视和被理解的情感需求，这促进了团队的凝聚力和效能。同时，团队中的多元观点也可以互补彼此，提供更全面的解决方案。

但我们可能会因为自身的偏见或固定的思维模式而忽视或排斥他人的观点。因此，我们需要保持开放的心态，学会倾听和欣赏他人的观点。组织和领导者也应该提供一个鼓励多元观点的文化和机制，例如设立反馈机制、组织多样化的团队等，以促进尊重多元观点的实践。

（四）鼓励探索和冒险

我们被鼓励去追求新的知识、技能和积累经验来超越自己的舒适区，勇于挑战自我并尝试新的事物。这种积极主动的态度能够打破固有的思维模式，开启新的视野和机会。

当我们勇于探索未知领域，并接触新的想法和观点时，我们能够激发内在的创造力。通过尝试新的方法和解决方案，我们能够找到与众不同的创新路径。这种创新意识能够推动个人和组织的持续发展和竞争力。

当我们超越自己的舒适区，并面对新的挑战时，我们能够培养自信心和应变能力。通过不断地尝试和反思，我们能够学习并积累经验，提高个人的能力和素质。这种持续的学习和成长为个人的职业发展和人生道路打下坚实的基础。

然而鼓励探索和冒险并非一帆风顺。在尝试新的事物时，我们可能会面临失败、困难和挫折，但这些挑战也是成长和学习的机会。我们需要保持积极的心态，从失败中汲取教训，并勇敢地再次尝试。组织者和领导者也应该提供支持和鼓励，创造一个安全和鼓励冒险的文化氛围。

（五）推动持续学习

在一个鼓励持续学习的环境中，我们意识到学习不仅限于课堂和书本。我们需要积极主动地寻找新的学习机会，包括参加培训、研讨会、工作坊，或通过阅读书籍、观看视频等途径获取知识。我们保持好奇心，不断追问和探索，从各种渠道汲取新的信息和见解。

通过学习，我们可以了解不同领域的知识和发展趋势，跨越传统学科的边界，拥抱多样性的思维方式。这样的多元视野使我们能够更全面地理解问题，并从中获得灵感和创新的启示。

持续学习还可以帮助我们更新自己的知识和技能，跟上不断变化的世界。在现代社会中，科技和知识的发展日新月异，我们需要不断学习和适应新的挑战和机遇。通过持续学习，我们能够不断提升自己的专业能力和素质，保持竞争力，并为个人的职业发展做好准备。

当我们不断学习和获取新的知识时，我们能够拥有更多的资源和思维工具来解决问题和创造新的价值。学习能够激发我们的创造力和创新意识，让我们能够以全新的视角来看待问题，并找到与众不同的解决方案。

二、多样性

创新思维的多样性是指人们在思考和解决问题时，能够从不同领域、学科和经验中获取灵感，并将这些不同的元素结合起来，产生创新的想法和观点。

（一）跨领域思维

在跨领域思维的背景下，我们将自己的思考和学习延伸到不同的领域。要积极主动地探索其他领域的知识和经验，例如艺术、科学、哲学等。通过了解不同知识领域的观点和方法，我们可以拥有更加全面和多样化的思考工具箱。

跨领域思维能够帮助我们发现不同领域之间的联系和相互影响。我们会意识到许多看似独立的领域其实存在着交叉和互补的关系。通过将不同领域的知识和经验结合起来，我们可以找到新的创新机会和解决问题的途径。这种整合和联想能力为创新提供了强大的动力。

跨领域思维还能够带来更好的创新能力和解决问题的能力。当我们将不同领域的观点和方法结合起来，我们能够看到问题的多个方面，并从中寻找新的解决方案。跨领域思维还能够激发创造力，因为不同领域之间的碰撞会产生新的想法和创意。

（二）融合多种经验

在融合多种经验的背景下，我们欣赏并借鉴来自不同背景和领域的经验。我们愿意与其他人分享自己的经验，并乐于倾听他人的故事和见解。通过融合多种经验，能够汲取丰富的智慧和洞察力，从而拥有更加全面和多样化的视野。

融合多种经验能够帮助我们看到问题的多个层面。每个人的经历和观点都是独一无二的，当我们将这些不同的经验和观点融合在一起时，我们能够看到问题的更多维度和影响因素。这种多维思考能够帮助我们更全面地理解问题，并从中找到更好的解决方案。

融合多种经验还能够促进创新的产生。当不同经验相互碰撞和融合时，会产生新的想法和创意。因为每个人都有其独特的经历和思考方式，这些经验和思考方式的交织能够激发创造力和创新意识。通过融合多种经验，我们能够打破传统的思维模式，寻找到更具创新性的解决方案。

（三）拓展思维边界

在多样性的思维方式下，我们不再局限于传统的思维模式和固有的观念。我们尝试接纳来自不同背景和领域的观点和经验，从而引入新的思考元素。这种多元的思维方式能够帮助我们看到问题的更多层面和可能性，从而为创新提供更多的机会。

多样性的思维方式还可以促使我们跳出舒适区，勇于尝试新的思路和方法。当我们接触和借鉴其他领域的知识和经验时，会面临新的挑战和学习机会。这种学习和探索的过程可以激发我们的创造力和创新意识，推动我们在解决问题和应对挑战时采取更加全面和独特的思考方式。

多样性的思维方式还可以促进不同观点和想法之间的碰撞和交流。当我们与来自不同背景和领域的人们合作时，大家的观点和思考方式会相互影响和启发。这种碰撞能够激发出新的想法和创意，推动创新的发生。通过拓展思维的边界，我们能够汲取不同领域的智慧和经验，从而进行更全面和深入的思考。

三、前瞻性

前瞻性是创新思维的重要特点之一，指的是能够超越现状，展望未来的发展趋势和可能性。具有前瞻性的创新思维能够预见潜在的机遇和挑战，并从中找到切入点，提前做出应对和准备。

（一）视野开阔

前瞻性的创新思维需要从一个更宽广的角度来看待问题和挑战。它要求我们不仅要关注眼前的局势和需求，还要放眼未来的发展趋势和可能的变化。这样的广阔视野使得我们能够更好地把握机遇和应对挑战，为个人和组织提供长远的发展方向。

在具有前瞻性思维的指导下，我们能够洞察市场的变化和趋势。我们会关注不同行业的发展动态、消费者需求的变化以及竞争环境的演变。通过了解这些因素，我们能够预测未来可能出现的机会和风险，并做出相应的调整和决策。

前瞻性思维也要求我们关注科技的进步和创新。随着科技的快速发展，新的技术和工具不断涌现，对各个行业和领域都带来了巨大的影响。具有前瞻性思维的人们会密切关注科技的发展趋势，并思考如何应用这些新技术来推动创新和提升效率。

前瞻性思维还要求我们敏锐地观察社会的变化和趋势。社会是一个复杂的系统，受到政治、经济、文化等多种因素的影响。具有前瞻性思维的人们会关注社会的变革，例如人口结构的变化、价值观念的转变以及社会问题的出现。通过洞察这些社会变化，我们能够更好地理解消费者需求和市场趋势，为创新和发展提供指导。

（二）敢于冒险

具有前瞻性的创新思维者相信，失败并不可怕，反而是成功的必经之路。他们明白每一次失败都是一个宝贵的学习机会，可以从中吸取教训并改进自己的方法。他们不畏惧失败，而是把它看作通往成功的必经之路。

这种敢于冒险的精神使得具有前瞻性的创新思维者能够不断尝试新的想法和方法。他们愿意投入时间和资源来测试和验证自己的创新理念。即使面临挫折和困难，他们也能坚持不懈地追求目标，并寻找解决问题的途径。

敢于冒险也意味着愿意承担风险。前瞻性的创新思维者明白，创新本身就是一种风险，可能会面临投资损失、市场失败或技术挑战。但他们相信只有通过承担这些风险，才能获得更大的回报和取得成就。

四、实践性

实践性指的是将创新想法转化为实际行动，并通过实践来验证和改进创新想法。

（一）执行力

执行力是指个体或组织在实施目标、计划和决策过程中的能力。对于创新思维者来说，执行力尤为重要，因为创新只有通过实际行动才能产生真正的影响和价值。

创新思维者需要有效地组织资源，包括人力、物力、财力等，以支持创新项目的实施。他们需要制定详细的计划和时间表，并合理分配任务和责任，确保每个环节都得到妥善安排和执行。他们还需要建立有效的沟通渠道和协作机制，以便团队成员之间能够充分合作和配合，共同推进创新项目的实施。

在创新过程中，可能会面临各种挑战和困难，甚至会遭遇失败和挫折。执行力强的人能够保持积极的态度和持续的动力，不轻易放弃，并且能够从失败中吸取教训，不断调整和改进执行计划。他们能够坚持不懈地追求目标，克服困难，最终实现创新想法的落地。

执行力需要具备有效的解决问题能力。在实施过程中，可能会出现各种意外情况或者遇到困难和障碍。执行力强的人能够迅速识别并分析问题的本质，找出解决方案，并采取适当的措施加以解决。他们能够灵活应对变化，并具备快速决策的能力，确保项目能够顺利进行。

执行力还需要具备评估和反馈的能力。创新思维者需要能够及时评估项目的进展和效果，并根据评估结果及时调整和优化执行计划。他们需要建立有效的反馈机制，收集各方面的意见和建议，以便及时发现问题并进行改进。执行力强的人注重学习和反思，不断提升自己的执行能力，并将经验应用于未来的创新项目中。

（二）敏捷迭代

敏捷迭代是一种基于快速反馈和持续学习的方法，旨在有效地应对不确定性和变化。在实践性创新中，这种方法特别有用，因为创新本身充满了风险和不确定性。

敏捷迭代需要具备开放的心态和灵活的思维。创新思维者需要接受并适应变化，愿意在实践过程中进行试错和调整。他们能够摒弃传统的线性思维方式，而采用非线性的、逐步改进的方式推进创新项目。他们乐于接受各种意见和建议，并将其作为改进的动力，不断调整和优化创新成果。

敏捷迭代需要具备快速实践和测试的能力。创新思维者会将创新想法拆分为小步骤，并迅速将其转化为实际行动。他们注重快速验证和验证假设，通过实践和测试来获取反馈信息。这种快速的实践和测试循环可以帮助他们及早发现问题和挑战，并迅速作出调整和改进。

敏捷迭代还需要具备持续学习和改进的意识。创新思维者注重从每一次迭代中吸取教训，并将其应用于下一轮迭代中。他们会进行项目回顾和总结，评估项目的进展和成果，并提出下一步的改进计划。他们认识到创新是一个不断学习和不断改进的过程，持续的学习和改进可以使创新成果不断优化和完善。

第二节 创新思维在高校管理决策中的应用

高校作为培养人才和推动社会发展的重要力量，在现代社会中扮演着重要的角色。高校管理决策对于高校的发展和进步起着关键性的作用。然而，传统的管理决策方式往往束缚了高校的创新潜力。因此，引入创新思维成为高校管理决策中的一个重要课题。

一、激发创新思维意识

（一）组织创新思维培训和工作坊

创新思维是一种能力，需要通过培训和实践来逐步提升。高校管理者可以组织创新思维培训和工作坊，引导师生学习和运用创新思维的方法和工具。

1.培训

举办创新思维培训课程，让师生了解创新思维的基本概念、原理和技巧。培训可以包括讲座、研讨会、案例分析等形式，通过理论与实践相结合的方式，帮助师生掌握创新思维的核心要素。

2.工作坊

开展创新思维工作坊，让师生有机会在实际问题中运用创新思维进行探索和实践。工作坊可以设置具体的挑战和任务，让师生以小组或个人形式参与，通过头脑风暴、角色扮演、设计思维等活动，培养师生的创新思维能力。

（二）建立创新文化和环境

创新思维需要有一个开放、包容、支持的文化和环境来孕育和发展。高校管理者可以通过改进组织结构和文化，营造一个鼓励创新的氛围。

1.开放沟通

建立开放的沟通渠道，鼓励师生自由表达和分享创新想法。高校管理者可以定期组织创新交流会、学术研讨会等活动，提供一个平台供师生交流和分享创新思维。

2.激励创新行为

建立奖励制度，鼓励师生参与创新项目和竞赛，并将优秀成果进行评选和表彰。通过激励创新行为，可以增强师生的创新意识和积极性。

二、引入创新决策方法和工具

传统的管理决策方法往往过于保守和规范化，不能有效应对复杂多变的高校环境。为了提升高校管理决策的质量和效率，引入创新决策方法和工具是必要的。

（一）设计思维

设计思维是一种以人为核心的解决问题和创新的方法。它通过深入理解用户需求、开展创造性的头脑风暴和原型制作等活动，来产生创新的解决方案。

在高校管理决策中，引入设计思维可以帮助管理者更好地理解师生和其他利益相关者的需求，并提供创新的解决方案。例如，当面临改革教学方法的决策时，管理者可以运用设计思维的方法，与教师和学生进行深入的用户研究，了解他们的真实需求和期望，然后通过头脑风暴和原型制作来共同设计出适应需求的创新教学模式。

（二）敏捷决策

敏捷决策是一种快速、灵活适应变化的决策方法。它强调持续学习和反馈，通过快速试错和调整来不断优化决策。

在高校管理决策中，引入敏捷决策可以帮助管理者更好地应对快速变化的高校环境。例如，在制订课程设置计划时，管理者可以采用敏捷决策的原则，通过短期的试点和评估周期，快速了解课程效果，并及时调整和改进。

（三）数据分析和预测

数据分析和预测是一种基于大数据和统计分析的决策方法。通过收集、整理和分析大量的数据，可以提供科学的依据和预测，支持决策的制定。

在高校管理决策中，引入数据分析和预测可以帮助管理者更准确地了解高校运行的现状和趋势，并基于数据进行决策。例如，通过分析学生的学习情况和成绩数据，可以提前发现学生的困难和需求，并采取相应的措施来提高教学效果和学生满意度。

（四）创新团队和协作平台

创新团队和协作平台是一种促进跨部门、跨学科合作和知识共享的工具和机制。通过建立多学科的创新团队和使用协作平台，可以促进不同专业领域的交流和合作，激发创新思维和产生创新的解决方案。

在高校管理决策中，引入创新团队和协作平台可以帮助管理者更好地利用组织内外的智力资源，集思广益，提供多元化的观点和解决方案。例如，建立跨学科的教学改革团队，让不同学科领域的教师共同参与课程设计和教学方法的创新。

三、融合科技创新与高校管理

在当今社会发展中，高校作为培养人才和推动社会发展的重要力量，也应积极融入科技创新来推动高校管理的创新。

（一）引入人工智能和大数据分析技术

人工智能和大数据分析技术是当前科技创新领域的热点，它们可以为高校管理决策提供更准确、快速和智能化的支持。

1.数据分析

通过收集和分析大量的学生数据、教师数据和学校运营数据等，可以帮助管理者更好地了解高校的现状和趋势，发现潜在问题和机会，并基于数据进行决策。

2.智能辅助决策

引入人工智能技术，例如自然语言处理和机器学习算法，可以帮助管理者更好地处理和分析复杂的信息，提供智能化的决策建议和预测，支持高校管理决策的制定。

通过引入人工智能和大数据分析技术，可以提升高校管理决策的准确性、效率和科学性，为高校发展提供更有力的支持。

（二）建设智慧校园

智慧校园是将信息技术与高校管理相结合，实现教育资源优化配置、服务创新和学习环境优化的一种管理模式。通过建设智慧校园，可以提供更便捷、高效的教育服务，改善高校师生的学习和工作体验。

1.学生服务

通过移动应用和智能设备，提供个性化的学生服务，如选课指导、校园导航、图书馆自助借还等，方便学生的学习和生活。

2.学习环境优化

利用物联网技术和传感器，实现对教室、实验室等场所的智能化管理，如温度、湿度、照明等的自动调节，提升学生的学习环境质量。

通过建设智慧校园，高校可以提供更便捷、高效的教育服务，提升师生的满意度和学习效果。

第三节 培养和激发创新思维的机制与方法

一、培养创新思维的机制

（一）优化教育环境

为了培养学生的创新思维，高校应该致力于营造积极的教育环境。

1.提供丰富的资源支持

学校应该建设先进的图书馆、实验室等教育资源，为学生提供广阔的学习空间。图书馆应该具备丰富的纸质和电子书籍资源，满足学生的各种学术需求。实验室应该配备最新的实验设备和技术，为学生提供实践操作的机会。

2.强调综合素质教育

除了专业知识，高校还应该注重培养学生的综合素质。学校可以设置选修课程或者开设综合素质教育课程，包括领导力培养、沟通技巧、创新思维等方面的内容，帮助学生全面发展。

3.建立良好的学生支持体系

高校应该建立健全的学生支持体系，提供心理咨询、就业指导等服务，帮助学生解决在学习和生活中遇到的问题，保障他们的全面发展和健康成长。

通过以上措施，可以为学生创造一个积极、开放、富有创新氛围的教育环境，培养学生的创新思维和实践能力，为社会培养更多具有创新精神的人才。

（二）培养跨学科思维

为了推动创新，高校应该积极鼓励学生进行跨学科的学习和研究，培养他们的综合素质和跨界思维能力。

1.开设跨学科选修课程

高校可以设置跨学科的选修课程，让学生有机会接触和学习其他领域的知识。这样的课程可以涵盖不同学科的基础知识，如科技与艺术的结合、人文与科学的交叉等，帮助学生打破学科壁垒，拓宽知识视野。

2.跨学科研究项目

学校可以组织跨学科的研究项目，鼓励学生在不同领域进行合作研究。这样的项目可以集结多个学科的专业知识和技能，促进学生之间的交流与合作，培养他们解决复杂问题的能力。

3.跨学科导师制度

学校可以建立跨学科导师制度，为学生提供具有不同学科背景的导师指导。通过与不同学科导师的交流和指导，学生可以得到更加全面和深入的学术引导，拓宽自己的思维视野。

通过以上措施，高校可以培养学生的跨学科思维能力，让他们具备整合各种学科知识和方法的能力，为未来的创新和解决复杂问题做好准备。

二、激发创新思维的方法

（一）鼓励自主探索

在培养创新思维方面，高校应该积极鼓励学生进行自主探索。个体对问题的独立思考和探索是培养创新能力的关键。为此，高校可以采取一系列措施来引导和支持学生的自主探索。

高校可以通过课程设计来促进学生的自主思考。传统的教学模式强调知识的灌输，而现代教育更加注重培养学生的自主学习能力。因此，高校可以设计开放性的课程，鼓励学生在学习过程中提出问题、探索答案，并展示他们的独立思考能力。这样的课程设计可以激发学生的兴趣和主动性，培养他们的创新思维。

高校可以提供实验项目等机会，让学生面对实际问题并自主解决。实践是培养创新思维的重要途径之一。通过参与实验项目，学生可以接触到真实的问题，从而激发他们的思维活力和创造力。高校可以为学生提供资源和指导，同时给予他们一定的自由度，让他们自主选择研究方向、制订实验计划，并在实践中不断调整和改进。这样的实践经历可以让学生更好地理解问题的本质，培养他们的解决问题能力和创新思维。

高校还可以通过评价和反馈机制来鼓励学生的自主探索。学生在进行自主探索过程中，需要得到指导和支持，也需要得到及时的反馈和评价。高校可以设置相应的评估标准和评价体系，对学生的自主探索行为进行认可和奖励。同时，高校可以提供定期的反馈机制，帮助学生发现问题、纠正错误，并不断提升自己的创新能力。

（二）培养设计思维

在培养创新思维方面，高校可以引入设计思维教育，以解决实际问题来培养学生的创新能力。设计思维是一种注重观察、洞察和理解用户需求的方法，通过从用户角度出发，提出创新解决方案。

高校可以将设计思维纳入课程设置中。为了培养学生的设计思维，高校可以开设相关的课程，如设计思维导论、用户研究与体验设计等。这些课程可以教授学生如何运用设计思维的方法和工具来分析问题、挖掘需求，并提出创新的解决方案。通过实践项目和案例分析，学生可以学会观察、洞察和理解用户的需求，培养敏锐的洞察力和创造力。

高校可以组织设计思维的实践活动。设计思维强调实践和反馈，高校可以组织学生参与实际的设计项目或者社会实践活动。例如，学生可以参与社区服务项目，通过与真实用户的互动，深入了解他们的需求和问题，并运用设计思维的方法来提出解决方案。这样的实践活动可以帮助学生将设计思维应用于实际情境中，培养他们的创新能力和解决问题的能力。

（三）鼓励失败与反思

在培养创新思维方面，高校应该鼓励学生勇于尝试，并接受失败和挫折。创新过程中，失败是难以避免的，但从失败中吸取教训并进行反思是取得成功的关键。

高校可以鼓励学生进行反思和自我评估。失败并不意味着终结，相反，它可以成为学生发展和改进的机会。高校可以引导学生进行反思，分析失败的原因和不足之处，并制订相应的改进计划。学生可以通过自我评估和团队评估，发现问题所在，并探索新的解决方案。

第九章　未来高校教育管理的展望与挑战

第一节　技术创新对教育管理的影响

随着科技的迅猛发展，技术创新已经深刻地改变了我们的生活方式和工作方式。在教育领域，技术创新也产生了巨大的影响。

一、智能化教育管理

智能化教育管理是指利用人工智能和其他相关技术对教育管理进行智能化处理和决策支持的一种方式。随着科技的不断进步和应用，智能化教育管理在教育领域产生了巨大的影响。

（一）智能化教学设计

智能化教学设计是利用人工智能技术对教学过程进行智能化设计和优化的方法。传统的教学设计主要依赖于教师的经验和直觉，而智能化教学设计通过分析大量的教学数据和学生反馈，能够为每个学生提供个性化的教学建议和辅导措施。

例如智能化课程设计系统。该系统可以根据学生的学习特点和需求，为每个学生提供个性化的学习计划和资源推荐。通过收集学生的学习数据和评估结果，系统能够了解每个学生的学习进度、知识掌握情况以及学习偏好，从而为其设计适合的学习路径和教学内容。这样，学生可以按照自己的节奏和方式进行学习，提高学习的效果和满意度。

又如智能化作业设计系统。该系统可以根据学生的学习进度和能力，自动生成适合其水平的作业题目。系统能够根据学生的掌握情况和难易程度需求，智能地选择和调整作业题目的难度和类型，确保学生能够在适当的挑战下进行学习。这种个性化的作业设计可以帮助学生更好地理解和应用知识，提高学习的效果。

智能化教学设计的优势在于其个性化的特点。传统的教学方法往往无法满足每个学生的不同需求和差异化学习水平，而智能化教学设计可以根据学生的特点和需求，提供针对性的教学策略和资源。学生可以根据自身的学习进度和能力进行学习，不仅提高了学习效果，也增强了学习动力和兴趣。

（二）智能化学生辅导

智能化学生辅导是利用人工智能技术对学生进行个性化的学习辅导和支持的方法。传统的学生辅导主要依赖教师的经验和专业知识，而智能化学生辅导通过分析学生的学习行为和学习数据，能够为学生提供个性化的学习建议和辅导措施。

智能化学生辅导的一个例子是智能化学习分析系统。该系统可以根据学生的学习数据和学习行为，提供针对性的学习指导和反馈。智能化学习系统能够分析学生的学习进度、知识掌握情况以及学习偏好，从而为其设计个性化的学习计划和学习路径。通过实时监测学生的学习情况，系统可以及时发现学生的困难和问题，并提供相应的辅导和支持。学生可以得到针对性的学习指导，提高学习效果。

另一个例子是智能化学业辅导系统。该系统可以根据学生的学习进度和困难点，提供相应的教学资源和解决方案。系统可以根据学生的学习数据和评估结果，了解学生在学习中遇到的难题和问题，并为其提供相应的学习资料、解题思路和答疑服务。通过个性化的辅导和支持，学生可以更好地理解和掌握知识，克服学习难点。

智能化学生辅导还可以帮助学生培养学习习惯和自主学习能力。系统可以通过监测学生的学习行为和反馈，为其提供学习时间管理、学习方法和学习技巧等方面的指导。这样，学生可以逐渐形成良好的学习习惯和自主学习能力，提高学习的自觉性和效果。

二、在线学习平台

技术创新对教育管理产生了深远的影响，其中在线学习平台是一项重要的创新。在线学习平台利用互联网和信息技术的支持，提供了全新的学习方式和学习资源，改变了传统的面对面教学模式，为教育管理带来了许多机遇和挑战。

（一）扩展学习的时间和空间

在线学习平台的兴起扩展了学习的时间和空间，为学生提供了更加灵活的学习方式。传统的面对面教学需要学生到学校或培训机构进行学习，这限制了学习的时间和地点。通过在线学习平台，学生只需通过电脑、手机等终端设备与网络连接，就可以在自己方便的时间和地点进行学习。

这种学习的灵活性为学生提供了更大的学习自主权。学生不再受制于固定的上课时间和地点，可以根据自己的日程安排和个人喜好来安排学习时间。无论是早晨、下午还是晚上，学生都可以选择适合自己的时间段进行学习。这种自主性使得学生能够更好地控制学习进度，调整学习方法和策略，更好地适应自己的学习节奏。

在线学习平台也满足了不同学习者的个性化需求。每个学生都有自己独特的学习风格和学习偏好。通过在线学习平台，学生可以选择适合自己的学习资源、学习材料和学习方式。有些学生喜欢通过视频课程来学习，有些学生则更喜欢阅读电子书籍或参与在线讨论。在线学习平台提供了多种学习方式和资源选择，满足不同学习者的个性化需求，帮助他们更好地理解和掌握知识。

学生可以根据自己的节奏和进度进行学习。在传统的面对面教学中，教师通常按照固定的进度和时间安排教学内容。而通过在线学习平台，学生可以根据自己的理解程度和学习速度来安排学习进度。如果学生对某个知识点理解较快，可以快速完成学习并继续下一个知识点；反之，如果学生对某个知识点有困难，可以花更多的时间来强化理解。这样的学习方式能够更好地适应学生的个体差异，使每个学生都能够充分理解和掌握学习内容。

（二）丰富学习资源

如今，随着在线学习平台的兴起和发展，学习资源得到了极大的丰富和拓展。这些平台上汇集了各类学习资源，包括但不限于课程视频、电子书籍、练习题等，涵盖了各个学科和领域。

在线学习平台为学生提供了更加便捷和灵活的学习方式。学生可以根据自己的兴趣和需求，在海量的学习资源中选择适合自己的内容进行学习。无论是在家、在校还是在其他任何地方，只要有网络连接，学生都可以轻松获取到所需的学习材料，不再受时间和空间的限制。

在线学习平台也提供了与教师和其他学生的互动和交流机会。学生可以通过在线讨论、团队项目等方式，与教师和其他同学进行实时的交流和讨论。这种互动和交流不仅能够促进学习者之间的合作和共享，还能够帮助学生解决问题、拓宽思路，提升学习效果。

在线学习平台还具有便捷的学习管理功能。学生可以随时查看自己的学习进度和成绩，了解自己的学习情况，并及时调整学习计划和策略。教师也能通过学习平台对学生的学习情况进行监控和评估，及时发现和解决学习中的问题。

（三）学习数据收集和分析

随着在线学习平台的普及和使用，学习数据的收集和分析功能成为教育领域的重要工具。通过在线学习平台，学生的学习行为、学习进度、学习成果等数据都可以被系统地收集和记录下来。

这些学习数据可以通过大数据分析技术进行挖掘和分析，从而为教育管理者提供全面的学生学习情况和表现评估。通过对学习数据的分析，教育管理者可以了解学生的学习状况和问题，并及时采取相应的干预和辅导措施。例如，如果发现某个学生在某一学科的学习进展缓慢，教育管理者可以通过学习数据的分析找出原因，并针对性地提供帮助和支持，以促进学生的学习进步。

学习数据还可以为教育管理者提供科学依据，用于制定和调整教学计划和教学策略。通过分析学习数据，教育管理者可以了解到学生在不同知识点或学习阶段的掌握程度，从而有针对性地调整教学内容和教学方法，以提高学生的学习效果和学习动力。

推广和应用在线学习平台也面临一些挑战。技术基础和网络条件不足可能限制了一部分人群的接入和使用。尤其是在一些偏远地区或经济欠发达地区，网络环境不够稳定，无法满足在线学习的需求；需要遵循相关的隐私保护法规和伦理准则。在线学习平台应该采取相应的措施，确保学生的个人信息安全和隐私保护等。

第二节　全球化背景下的高校教育管理

全球化对高校教育管理提出了更高的要求，需要高校管理者拥有更广阔的视野、更灵活的思维和更有效的管理手段。

一、全球化对高校教育管理的影响

（一）教育国际化

随着全球化的发展，教育国际化已成为不可逆转的大势所趋。高校教育管理需要采取一系列措施，以更好地吸引国际学生和教师，提供符合国际标准的教育服务，并推动国家间的学术交流与合作。

高校可以通过加强对外宣传，提升自身在国际教育领域的知名度和声誉。这包括积极参加国际教育展会、举办国际学术研讨会等活动，借助互联网和社交媒体平台扩大影响力。

高校应积极推动国家间的学术交流与合作。这可以通过与国外大学建立合作关系，开展学生交换项目、联合培养硕士和博士研究生等形式来实现。

政府在教育国际化方面也起着重要的作用。政府可以制定相关政策和法规，支持高校发展国际教育，提供经费和资源支持。政府还可以加强与其他国家的教育交流与合作，促进双边和多边合作项目的开展。

（二）跨国合作办学

随着全球化的不断深入发展，高校之间的跨国合作办学已经成为一种常见现象。在这种背景下，高校教育管理者需要具备更强的合作意识和能力，以便与国外高校建立起稳定的合作关系，并共同办好跨国合作项目。

高校教育管理者应该认识到跨国合作办学的重要性。在全球化时代，高校之间的合作已不再局限于本国范围内，而是面向世界各地。通过与国外高校合作，可以共享资源、优势互补，提升教育质量和国际影响力。因此，高校教育管理者应该积极主动地寻求合作机会，意识到跨国合作办学对高校的发展至关重要。

高校教育管理者需要具备良好的合作意识。合作需要双方相互尊重、平等对待，才能够达到共赢的效果。高校教育管理者应该摒弃传统的竞争观念，转变为合作思维，理解合作的价值和意义。他们应该主动与国外高校进行交流和沟通，寻求共同的利益点，并通过合作实现优势互补，提高办学水平。

高校教育管理者需要建立起稳定的合作关系。合作关系的稳定性是跨国合作办学成功的关键。高校教育管理者应该与国外高校建立长期的合作伙伴关系，共同制定合作计划和目标，并确保双方的利益得到充分的保障。同时，他们还应该加强对合作项目的管理和监督，及时解决合作中出现的问题和困难，确保项目的顺利进行。

二、全球化背景下高校教育管理面临的挑战及策略

（一）文化差异带来的管理困境

在高校教育管理中，不同文化背景下的学生和教师之间存在着价值观、行为习惯等方面的差异，这给管理者带来了一定的管理困境。因此，管理者需要深入了解并尊重不同文化，制定相应的管理策略，以促进文化融合与交流。

管理者应该具备跨文化理解和敏感性。他们需要主动学习和了解不同文化的特点、价值观和行为准则。通过研究和交流，管理者可以更好地理解学生和教师的背景和需求，并针对性地制定管理策略。管理者还应该培养自己的跨文化敏感性，避免对其他文化的偏见和歧视，以确保公平和包容的管理环境。

管理者应该灵活运用管理方法和策略。在处理跨文化管理时，一种管理方式可能并不适用于所有的文化背景。因此，管理者需要根据具体情况调整自己的管理方法和策略。他们应该倾听学生和教师的声音，了解他们的需求和期望，并尽量满足他们的需求。管理者还可以利用跨文化团队合作、沟通培训等方式，提升学生和教师之间的相互理解和合作能力。

管理者需要建立健全的支持机制和资源平台。跨文化管理需要一定的支持和资源来保证其顺利进行。管理者可以建立专门的机构或部门，负责跨文化管理相关工作，提供必要的咨询和支持服务。管理者还可以积极寻求国际交流与合作项目，为学生和教师提供更广阔的发展机会和资源平台，促进跨文化交流与学习的持续深化。

（二）跨国合作风险管理

在跨国合作办学中存在一定的风险，如合作方资金问题、法律法规差异等。因此，高校教育管理者需要具备较强的风险意识和风险管理能力，制定相应的合作协议和管理措施，以降低合作风险。

高校教育管理者应该进行全面的风险评估。在与国外高校合作之前，他们应该对合作项目的各个方面进行综合评估，包括市场需求、合作方实力、政策环境等。通过充分了解和分析合作潜在风险，管理者可以预先制订相应的风险管理计划，并采取必要的防范措施，减少合作风险的发生。

高校教育管理者需要制定明确的合作协议。合作协议是跨国合作办学的重要依据，可以规范双方的权益和责任。管理者应该与国外合作方详细商讨并确定合作协议的各项内容，包括项目目标、合作模式、责任分工、资源共享、知识产权保护等。同时，合作协议应考虑到可能存在的风险因素，并设定相应的解决方案和补救措施，确保双方在合作过程中的权益得到充分保护。

高校教育管理者还应加强合作项目的监督与管理。他们需要建立健全的管理机制，定期对合作项目进行评估和监测，及时发现和解决可能存在的问题和风险。管理者应与合作方保持密切沟通，及时共享信息和数据，确保合作进展顺利并避免潜在的风险演变成实际损失。

高校教育管理者应关注国际法律法规的差异性。不同国家和地区存在着不同的法律体系和法规要求，这可能会对跨国合作办学产生影响。管理者应该了解并熟悉相关国家或地区的法律法规，制定合作计划和管理策略时要考虑到这些差异，并确保合作行为符合当地的法律要求。如果有必要，管理者可以寻求法律专业人士的咨询和支持，以确保合作项目在法律层面的合规性。

第三节　教育管理的可持续发展路径

教育管理是指在教育领域中，通过组织、规划、监督和评估等一系列措施，对教育资源进行合理配置，促进教育机构的发展和提高教育质量。可持续发展是指在满足当前需要的同时，不损害未来世代满足其需要的能力。随着社会的快速变革和发展，教育管理也面临着新的挑战和需求。可持续发展成为教育管理的重要目标，旨在实现经济、社会和环境三个方面的平衡和协调，追求长期的发展和稳定。

一、提高教育资源的效益利用

提高教育资源的效益利用是实现可持续发展的基础。

（一）优化课程设置

一个合理的课程设置应当注重培养学生的核心素养和创新能力，使他们能够更好地适应社会需求和发展。

1.审查和更新课程内容

随着社会的不断变化和发展，课程内容需要与时俱进。学校应定期审查并更新课程，确保其符合社会发展的需求。这可以通过与行业专家、企业代表以及其他相关领域的专业人士进行合作，获取他们的反馈和建议。这样做可以确保课程内容紧跟时代潮流，并满足市场对人才的需求。

2.引入跨学科和综合性课程

传统的学科分割已经无法满足现代社会对人才的要求。为了培养学生的综合素质和创新思维能力，学校可以引入跨学科和综合性课程。这些课程可以将不同学科的知识融合在一起，培养学生的综合能力和解决问题的能力。跨学科和综合性课程还可以帮助学生建立更加全面的知识结构，激发他们的学习兴趣和动力。

（二）合理规划和配置教育设施

教育设施是教育资源的重要组成部分，合理规划和配置教育设施可以提高资源的使用效率。

1.根据学校规模和需求进行场地规划和布局设计

学校应根据学生人数、年级分布和课程设置等因素，合理规划和配置教育设施的场地。这包括教室、实验室、图书馆、运动场等。合理的场地规划可以确保教育资源的充分利用，减少浪费，并提供良好的学习环境。

2.推广共享教育设施的模式

共享教育设施是一种有效提高资源利用率的模式。学校可以与其他学校、社区或相关机构合作，共享教育设施。例如，学校可以与附近的社区中心合作，在非上课时间将教室开放给社区居民使用；或者与其他学校合作，对某些特定的设备和实验室进行资源共享。这样做不仅能够提高资源的利用率，还能够促进学校与社区、其他学校之间的合作与交流。

（三）加强与社会的合作与共建

教育资源的有效利用需要广泛的社会参与和合作。政府、企业、社会组织等各方应共同努力，形成合力。

1.政府加大对教育的投入

政府是教育资源的主要提供者和管理者，应当加大对教育的投入。政府可以增加教育经费的投入，提高教师待遇和培训，改善学校基础设施等。政府还应制定公平的教育政策，确保每个学生都能够获得平等的教育机会和资源，减少教育资源的差距。

2.社会组织提供多元化的教育服务

社会组织可以提供多元化的教育服务，满足不同群体的需求。例如，非营利组织可以开展公益性的教育活动，为贫困地区的学生提供免费的教育资源和支持；专业机构可以提供职业培训和技能提升的课程，帮助成年人提高就业能力。社会组织还可以与学校合作，共同开展教育项目，丰富学生的学习经验。

二、推动教育的社会参与和合作

推动教育的社会参与和合作是教育管理可持续发展的重要路径之一。教育事业是一个复杂的系统工程，需要社会各界的广泛参与和协同合作，才能实现全面、均衡、优质的教育发展目标。

（一）加强与社会组织的合作

社会组织在教育领域拥有丰富的资源和经验，通过与其合作，教育管理者能够充分利用这些资源和经验，提供更多样化的教育资源和支持。建立社会组织与学校的合作机制，开展志愿者服务、社会实践活动等，可以有效地促进教育事业的发展。

教育管理者应积极主动与社会组织建立联系，并加强沟通与合作。通过与社会组织的对接，了解其专业能力和资源优势，找到双方的合作点和互补之处。建立长期稳定的合作关系，共同制定合作计划和目标，明确各方责任和职责。

建立社会组织与学校的合作机制，实现资源共享和协同发展。可以成立教育联合工作组或委员会，由学校和社会组织的代表组成，共同研究和决策教育事务。通过制定合作协议和章程，规范双方的合作行为，确保合作的顺利进行。

教育管理者还应积极引导和鼓励社会组织参与教育政策的制定和评估。社会组织代表可以参与教育决策的讨论和制定过程，提供专业意见和建议。同时，教育管理者也应定期邀请社会组织参与教育政策的评估和监测，及时了解社会对教育政策的反馈和需求，调整政策措施。

在推动与社会组织的合作过程中，需要注重以下几点：一是保障合作的公平和透明，确保双方利益的平衡；二是加强沟通与协调，建立良好的合作关系和互信机制；三是加强合作成果的评估和总结，及时调整合作策略和措施。

（二）建立多元化的合作平台

教育事业需要社会各界的广泛参与和支持，教育管理者应积极搭建合作平台，吸引更多社会力量参与到教育事业中来，共同推动教育事业的发展。

成立教育基金会或教育发展基金。教育基金会作为教育事业的捐赠和支持平台可以吸引社会各界的捐赠和资助，为教育项目提供经济支持。基金会还可以开展教育研究和评估工作，推动教育改革和创新。

设立教育捐赠项目，鼓励个人、企业等社会力量参与教育捐赠。教育管理者可以制定相关政策和规范，明确捐赠的用途和管理方式，保证捐赠款项的有效利用和公正分配。通过宣传和奖励机制，鼓励更多人参与教育捐赠，形成良好的社会氛围。

开展教育公益活动，提高社会对教育事业的关注和参与度。教育管理者可以组织义教活动、公益讲座、文化艺术节等，吸引社会各界的专业人士、志愿者和爱心人士参与其中。通过公益活动，激发社会对教育问题的关注，共同探讨和解决教育面临的挑战。

建立开放、透明的合作机制，吸纳社会各界的意见和建议。教育管理者可以定期召开教育论坛、研讨会，邀请学者、教育专家、企业代表等参与讨论，共同研究和解决教育问题。积极听取社会各界的意见和建议，形成广泛的共识，推动教育政策和措施的改进。

三、倡导环境保护和可持续发展理念

随着全球环境问题日益突出，教育管理者应积极引导和培养学生的环境意识和可持续发展观念，推动教育系统在经济、社会和环境方面的可持续发展。

（一）整合环境教育与可持续发展教育内容

通过将环境教育和可持续发展教育内容纳入学校的教育课程和活动中，教育管理者可以培养学生的环境意识、责任感和创新精神，推动学校在环境保护和可持续发展方面发挥积极作用。

教育管理者可以制定教育指导方针，明确环境教育和可持续发展教育的目标和要求。可以通过编写教材、教学大纲等方式，明确教师需要传授给学生的环境知识和可持续发展理念。同时，还可以建立评估体系，对学生的环境意识和可持续发展能力进行评价，形成有效的教育反馈机制。

教育管理者应提供相应的培训和支持，提高教师在环境教育和可持续发展教育方面的专业素养。可以组织教师培训班、研讨会等活动，邀请专家学者分享经验和最新研究成果。教育管理者还可以鼓励教师参与环境保护和可持续发展相关的研究项目，提升他们的教学水平和科研能力。

开展环境保护和可持续发展相关的课程和实践活动，丰富学生的学习体验。可以开设环境科学、可持续发展等专业课程，培养学生的环境意识和解决问题的能力。同时，组织校园实践活动、社区服务项目等，让学生亲身参与环境保护和可持续发展的实践中，培养他们的责任感和创新精神。

教育管理者还应积极推动跨学科教育的实施，促进环境教育和可持续发展教育内容与其他学科的融合。可以组织跨学科的课题研究、项目设计等活动，引导学生将环境保护和可持续发展的理念与各学科知识相结合，培养他们的综合素养和创新思维能力。

（二）增强学生的环境意识和行动能力

通过组织环境教育活动、开展社会实践项目等方式，教育管理者可以引导学生了解环境问题的严重性和紧迫性，培养他们的环境责任感和行动能力。

教育管理者可以组织各类环境教育活动，包括环境讲座、主题研讨、影视观摩等。通过这些活动，学生可以了解环境问题的现状、原因和影响，并提高对环境保护的认识和关注度。教育管理者可以邀请环保专家、科研人员等来校进行讲座和分享，激发学生的兴趣和思考。

建立学生环境组织和社团，提供更多的机会和平台让学生参与环境保护和可持续发展的活动。学生环境组织和社团可以组织各类环境活动和倡议，为学生提供一个广泛交流和合作的平台。教育管理者还可以鼓励学生参与环境保护相关的比赛、展览等，激发他们的创新和竞争意识。

参考文献

[1]李海燕.绿色低碳发展理念融入高校教育管理路径[J].辽宁丝绸,2023(4):116-117.

[2]胡蓉.创新教育理念下高校教育管理改革的研究[J].福建开放大学学报,2023(5):71-74.

[3]郭建伟.高等教育国际化视域下高校跨文化人才培养的作用与策略[J].河南广播电视大学学报,2023,36(4):97-100.

[4]林为国.基于创新人才培养的高校教育管理研究[J].湖北开放职业学院学报,2023,36(19):18-20.

[5]延鸿潇.基于当代教育理念的高校学生教育管理路径研究[J].秦智,2023(5):119-122.

[6]霍亚鹏.大数据时代下高校教育管理工作优化措施[C]//广东省教师继续教育学会.广东省教师继续教育学会第六届教学研讨会论文集（十二）.泰国格乐大学,2023:4.DOI:10.26914/c.cnkihy.2023.062662.

[7]杨博.信息技术对高校教育管理的影响探究[J].大学,2023(2):9-12.

[8]强乐颖,马军强.教育信息化背景下高校管理人员创新理念与能力研究[J].教育信息化论坛,2022(4):18-20.

[9]王岩,黄睿彦,刘莹等.大数据时代高校教学管理信息化建设[J].山西财经大学学报,2021,43(S2):99-102.

[10]屈坤燕.高等院校教师队伍建设中激励机制的研究[J].就业与保障,2021(6):140-141.

[11]王克军.新时期高校教育管理队伍专业化建设探究[J].中外企业家,2020(16):223.

[12]吕国利,姚飞.创新教育理念下高校教育管理探究[J].中外企业家,2020(6):212.

[13]周峰.高校教学质量保障体系的构建[J].开封教育学院学报,2016,36(6):108-110.

[14]陈永红.高校教学质量的保障与监控体系[J].教书育人(高教论坛),2014(8):46-47.

[15]王小莉,孟庆磊.从创新思维视角探讨高校创新型人才的培养[J].科技资讯,2013(09):189.DOI:10.16661/j.cnki.1672-3791.2013.09.144

[16]金峰.论激励理论在高校教师管理中的应用[J].中国电力教育,2010(22):192-194.